Google

グーグルに学ぶ
ディープラーニング

人工知能ブーム
の牽引役
その仕組みを
やさしく解説

Learning from Google Deep Learning

日経ビッグデータ［編］

日経BP社

グーグルに学ぶディープラーニング

2章 入門

3章　グーグル事例編

4章　企業事例編

5章　活用フレームワーク編

6章　将来展望編

序章

ディープラーニングがすべてのビジネスを変える

ディープラーニングがすべてのビジネスを変える

トップ級の囲碁プロ棋士に勝つ、クイズのチャンピオンに勝つ――、人工知能はこうした特定分野で象徴的な成果を挙げてきました。しかし、最近では人工知能が人々の生活や経済活動を改善して、世の中を変えていく可能性を示す実例が次々と出てきました。

米グーグルは、人工知能を使った「Ｇｏｏｇｌｅ翻訳」の精度を、脳の神経回路が仕組みの原点にあるニューラルネットワークを使い、大きく改善しました。技術系のニュースや書籍を多数翻訳している翻訳家の滑川海彦さんは、「自然な表現の日本語を期待するのは相変わらず難しいのですが、アラビア語、タイ語など文字が読めない言語の文章の内容を把握するためには私も使っています」と評価します。

そして「翻訳でのニューラルネットの採用により、自然言語解析の処理が向上したことがポイントです」と話します。「英語の文章をＧｏｏｇｌｅ翻訳上で読み上げさせると、文章を人のように理解して構造（主部、動詞、目的部、修飾部）通りに読み上げます。こうした英文処理能力があれば、将来、コールセンター対応の８割はボットに置き換えられるかもしれません」

と、企業のビジネスを変革する可能性を指摘します。

また、グーグルは人工知能の活用で、自社データセンターにおけるサーバーなどの冷却電力を40％も削減しました。空調や窓の調節・開閉など約１２０の要素を制御し、最適化したそうです。

その力に気づいたのは、グーグルだけではありません。未来の新事業、業務革新は人工知能技術から生まれると期待する企業が、続々と大型投資をしています。トヨタ自動車は２０１６年1月に、人工知能の研究開発拠点である「トヨタ・リサーチ・インスティテュート」を設立し、5年間で10億ドルを投資します。パナソニックは国内外の5拠点で人工知能関連技術の研究を進め、今後3年間で人工知能技術者を3倍に増やす方針です。ソニーはディープラーニングの中でも深層強化学習といわれる分野の優れた技術力で知られる米コジタイを買収し、ソニーコンピュータサイエンス研究所などで人工知能やロボットなどの研究を進めています。

日本の政府も経済産業省、総務省、文部科学省傘下の研究所に人工知能専門の研究組織を設け、企業との共同研究などを積極的に進めています。さらに、3省連携を進める人工知能技術戦略会議を設置して、国を挙げて人工知能の研究開発に注力する姿勢を示しています。

例えば、文科省傘下の理化学研究所は京都大学をはじめ、大手製薬・化学・食品・医療・ヘルスケア関連企業数十社と連携。ライフサイエンス分野のための人工知能とビッグデータ技術を共同で開発していく、ライフ インテリジェンス コンソーシアムを2016年11月に設立しました。

企業や国が多大な投資をする米国や中国などとの人工知能の開発競争に、日本の官民の力を結集して勝ち抜く考えです。

ビッグデータでディープラーニングが実力発揮

現在は第3次人工知能ブームともいわれますが、その背景にはディープラーニング（深層学習ともいいます）という手法の進化があります。2016年にトップ級の囲碁プロ棋士を、グーグルのグループ企業である英ディープマインドの人工知能「アルファ碁」が破りましたが、この人工知能にもディープラーニングの技術が使われています。

その仕組みの詳細は本書で解説していきますが、実は新しい技術ではありません。ディープラーニング同様に脳を模倣した計算アルゴリズムの研究は1940年代ごろから始まりました。何度も注目されては技術的な課題が見つかり、ブームが沈静化しましたが、2000年代後半に入って学習に十分な大量データと、それを処理できる計算機が比較的容易に手に入るようになり、一気に精度が向上していきました。画像に何が映っているかを認識する画像認識精度は、既に人間を上回っているといわれます。

その中、「AI（人工知能）ファースト」の経営方針を打ち出したのがグーグルです。同社のスンダー・ピチャイCEOは、2016年4月に株主へ当てた手紙の中で、「我々はモバイルファーストの世界から、AIファーストの世界に移行していく」と宣言しました。

グーグルの親会社である米アルファベットのエリック・シュミット会長も「今後のIPO（新規公開株式）のトップ5は、機械学習（に関する事業を展開する企業）から生み出される」と予言します。

グーグル自身、1000以上のサービスでディープラーニング技術を活用し、その数は年々増えています。また、サービスの中核である検索結果を決める要素の中に人工知能を使った「RankBrain」を採用し、3番目に重視する指標にしているそうです。

人工知能は検索連動型広告などインターネット広告の中でも徹底的に活用され、その結果、世界のインターネット広告市場は2015年に1700億ドルを超える規模まで成長しました。

あらゆる機器をインターネットに接続して稼働データなどを収集するIoT（インターネット・オブ・シングス）の浸透によって、実社会のデータ化、デジタル化が進みます。データ急増に後押しされ、人工知能が活躍する領域は、インターネット上から実世界へと急速に広がりそうです。

トヨタは日米の全乗用車を通信対応に

例えばトヨタは、２０２０年までに日米のほぼすべての乗用車に車載通信機を標準搭載して、クルマをネットワーク接続することを表明しています。ここから集まるエンジンなどの稼働データに応じたメンテナンスや、走行データに応じた保険などを展開していきます。

もちろんクルマだけでなく、スマートフォンやウエアラブル端末、そして街中のカメラやセンサーによって人々の活動は刻々とデータ化され、クルマや飛行機、オフィスのデジタル複合機、工場の生産設備などモノの稼働状況もすべて記録されて、ビッグデータが生み出されていきます。

「企業の競争力はデータを収集し、価値に変える能力です」

こう語るのは、富士フイルムでＩＣＴ（情報通信技術）領域を担当する柴田徳夫常務執行役員です（２０１６年11月、日経ビッグデータ主催イベントにて）。

同社は２０１５年８月、全社で利用できる共通ビッグデータ分析基盤を立ち上げました。ヘルスケアなどいくつかの事業のＷｅｂ販売ログ、店頭販売機の操作などのログ、生産実績など多岐にわたるデータが登録されていきます。

定期的に分析レポートを提供し、社内のデータ活用のハードルを下げる役割を果たしているそうです。また、機械学習と組み合わせて、ビジネスの意思決定につなげる取り組みを開始しています。

2016年4月には、IoTや人工知能を活用した革新的な製品やサービスの開発を目指すインフォマティクス研究所も設置しました。

ビッグデータと人工知能は今後、どんなビジネスを生み出すのでしょうか。その好例が、米ウーバー・テクノロジーズや米エアビーアンドビー（Airbnb）などが手掛けるシェアリングサービスです。

ウーバーは、「移動したい人」という需要の情報と、「移動手段を提供できる人（クルマとドライバー）」という供給側の情報を大量にスマートフォンアプリで収集し、需要と供給の最適なマッチングを実現。自らはクルマを持たずして、安価で効率的な移動サービスを開発しました。

Airbnbは同様に、「泊まる場所を探す人（ゲスト）」と「空き部屋を貸せる人（ホスト）」の需要と供給をマッチングします。さらに、数百種類のデータから人工知能で生成したアルゴリズムによって、売り上げが最大になる宿泊料金を毎日推測して、ホストに提案しています。物件がある都市の宿泊需要動向や、物件の交通の利便性や街区、過去の宿泊者によるレビューなどのデータから、最適な価格を人工知能が判断します。

このように遊休資産を効率的に共用するシェアリングサービスは、ビッグデータと人工知能による高精度なマッチング力を武器に、タクシーやホテルといった既存業界を破壊しかねないイノベーションを起こして、急成長を遂げているのです。

人工知能でイノベーションを生む時代に

改めてイノベーションとは何でしょうか。

「イノベーションとは、お客さんに聞いても答えられないような問題を解決したときにのみ生まれる」

ネスレ日本の高岡浩三社長は、こう定義します。早く移動するために速い馬車ではなく自動車を作る、涼をとるために大きなうちわではなく扇風機を作る――こうした利用者の課題を、利用者が思いつかない形で解決する製品、サービスこそがイノベーションだと言うのです。

高岡社長は一方で、「今は、電気や石油で解決できる問題がほとんどなくなっている。それをインターネットや人工知能などで解決しなければいけなくなったのが21世紀だ」とも言います。

そこで同社はIoTコーヒーマシン「バリスタi」を開発し、スマートフォンアプリでどのマシンでも自分好みの味のコーヒーを簡単にいれることができたり、コーヒーを飲んだという情報をアプリを通じて共有して、遠くに住む家族や友人とコミュニケーションのきっかけしたりといった新しい顧客体験を実現しました。2016年10月の発売から2カ月で、出荷台数は1万台を突破したそうです。

ビッグデータ×人工知能によるイノベーションのチャンスは、どの業界にもあります。

製造業では、例えば米ゼネラル・エレクトリックが「インダストリアル・インターネット」構想を推進していて、飛行機のエンジンや発電機などからデータを収集し人工知能で分析。顧客に納入した製品の異常検知や故障予知、運行の最適化によるエネルギーコストの削減などに役立てています。

流通業では、顧客や商品のデータをさまざまな店舗や業態で統合的に管理し、1人の顧客にはすべての接点で一貫した体験を提供する「オムニチャネル」戦略が浸透しています。

例えば、ファーストリテイリングは店舗で顧客の体を採寸、ネット通販サイトでオーダーメイドのシャツやジャケットを注文できるようにしています。そして全社戦略として「情報製造小売業」を標榜。顧客の声はビッグデータとして分析してすぐに商品化できる、購買動向などの分析によりいつでも精緻な需要予測、販売計画の作成・修正ができる「顧客中心主義（カスタマーセントリック）」を目指しています。

最も大きな経済効果が期待されているのが医療、ヘルスケアの分野です。病院、健康保険組合、個人のヘルスケアアプリなどに分断されて記録されている治療、健康診断、ライフログのデータを統合すれば、病気になった人と健康な人は食習慣や睡眠などの生活、治療や薬の服薬状況がどう違うのかを分析できます。その結果を基に健康指導や治療をすることで、疾病や重症化を防ぎ、高齢化により増加が続く医療費の削減につながることが期待されています。

健康に関するデータと活用は、病院、製薬会社、保険会社、フィットネスクラブ、食品や住宅メーカーなど幅広い業界の事業に影響するでしょう。

その他にも、金融であればビッグデータに基づく投資資産の配分や、融資や保険加入の審査などを実現する「フィンテック」、教育であれば成績が優秀な生徒の学習過程データを分析して他の生徒の指導に役立てるような「エデュテック」、人事であれば優秀な社員の採用過程データを分析して良い人材の採用に結びつけるような「ＨＲテック」など、あらゆる業界、業務でイノベーションが生まれようとしているのです。

こうした変革の根底にはすべて、ビッグデータの存在があります。ＩｏＴにより実世界がデジタル化され、インターネット検索や広告の品質向上などのために磨かれてきた人工知能技術によって、デジタル化された実世界の可視化、最適化が進められるようになっています。だからこそ、すべての産業においてＩｏＴ、ビッグデータ、人工知能が注目を浴び、有力企業が研究開発を競い合うわけです。

図0－1　さまざまな業界にビッグデータ×人工知能による変革が生まれる

1.データ取得	2.データ	3.分析	4.デジタルトランスフォーメーションによる業界構造の変革	業種
IoTなどのセンサー、ウエアラブルデバイス、ポイントカード、スマホアプリ、API など	ビッグデータ	人工知能、機械学習などの分析手法	インダストリアル・インターネット／インダストリー4.0	製造
			EC・オムニチャネル	流通
			自動運転・シェアリングエコノミー	運輸・輸送
			創薬・個別化医療・医療費削減(データヘルス計画)	医療
			FinTech(融資査定や保険料の個別化)	金融
			スマートハウス/HEMS	エネルギー／住宅
			EduTech(アダプティブラーニングなど)	教育
			HRTech	人材
			スマートコンストラクション i-Construction	建設
			ビッグデータによる新経済・消費指標	公共

中小企業にも人工知能の恩恵

ここまで大企業の話を中心にしてきましたが、中小企業でも人工知能の進化の恩恵が受けられるようになってきました。最近、クラウドサービスを提供する大手IT企業などが、独自データであらかじめ学習をさせた人工知能API（アプリケーション・プログラミング・インターフェース）の提供種類を増やしています。一定回数までの利用は無料で、以後は数銭単位からの従量制の課金と使いやすい料金体系になっているのです。APIは、画像系、言語系、音声系、検索系に分類できます。

ここで1つ、効果的な活用事例を紹介しましょう。画像系APIを活用する一社が、静岡県熱海市に本社を置くインターネットサービス開発会社のオモロキです。

同社はユーザーが投稿した1枚の写真に対して、意外な吹き出しなどを投稿し合って楽しむ「ボケて（bokete）」というネットサービスを運営しており、グーグルの画像分析サービス「Vision API」を導入しました。

ボケてで投稿写真を受け付ける上では、不適切な画像は事前に除いて公開する必要があります。従来は、人がチェックをした後に公開していました。そこに、Vision APIの有害コンテンツ検知機能を利用してチェックを自動化したのです。

オモロキの鎌田武俊代表は、「公開前の人力チェックをなくしたことで、サービスにタイムラグがなくなりました。また、チェックする人のメンタル面への負担も減りました」とその効果の大きさを実感しています。

人工知能を業務改善に活用するなら、誰でも今すぐ利用できる時代なのです。

1章　超入門

人工知能と機械学習と ディープラーニングはどう違う？

人工知能と機械学習とディープラーニングはどう違う?

「人工知能が囲碁でプロ棋士に勝った」
「機械学習で画像認識ができるようになった」
「ディープラーニングで工場の予知保全が可能になった」

こんなフレーズを、目にしたり耳にしたりしたことのある人は多いでしょう。「人工知能はAIとも呼び、Artificial Intelligenceを略したものだ」といった知識も一般的かもしれません。一方のディープラーニングは、近年急速に利用が進んでいるもので、日本語では深層学習と呼ぶことをご存じの方も少なくないでしょう。こうした人工知能に関連する言葉は、ニュースの世界だけでなく、日常でも触れることが多くなっています。

それでは、「人工知能と機械学習、ディープラーニングのそれぞれの違いを説明してください」と問われたらどうでしょう。何となく、コンピューターの頭が良くなって、人間に指示されなくても答えを導き出してくれること、といったイメージはあっても、それぞれの違いを説明するのはちょっと難しいのではないでしょうか。

しかし、人工知能にまつわる潮流は、学術的な研究の進展、クイズ番組や将棋・囲碁といったゲームに勝利するといった次元から、ビジネスのシーンにも押し寄せてきています。これまで、人工知能なんて関係ないだろうと思っていたあなたの仕事にも、近い将来は人工知能が関係してくる可能性は十分あるのです。そのとき、人工知能とは？　機械学習って何だっけ？　ディープラーニングなら何でも解決してくれる!?といった理解だと、ビジネスチャンスをものにできないだけでなく、時代の潮流からあなた自身が置いていかれる危険性だってあるのです。

ディープラーニングは機械学習の一部

それでは、それぞれの言葉を少し説明していきましょう。まずは人工知能です、と言いつつ、最初からちょっと腰が引けた紹介をせざるを得ません。なぜなら、人工知能そのものは、実はひと言では語り尽くせない概念だったりするからです。どのような存在を「人工知能」と呼ぶのか、という議論になると学者や専門家の間でも厳密には意見が分かれてしまうのです。知能を取り扱うとなると、哲学の範疇にまで議論の範囲が広がってしまう可能性もあります。

ここでは、

人工知能＝知的な情報処理をするもの、またはその技術

と、大きく捉えておくことにしましょう。コンピューターなどが、ある情報の入力に対して、何か知的な結果を導き出してくれると考えれば、皆さんの思い浮かべる人工知能と大きくズレはないでしょう。

グーグルで「Ｇｏｏｇｌｅ翻訳」の開発に携わり、自身も機械学習の研究者であるシニアエンジニアリングマネージャの賀沢秀人さんは、こんな説明をしてくれます。「同じコンピューターでも、足し算をしたり画像を白黒に変換したりするといった処理ではなく、画像に何が映っているかを当てるような処理をする場合に、知的な情報処理をしていると感じると思います。なにがしか知的そうな処理をする機械や技術といったところが、ぎりぎりなコンセンサスだと思います。非常に捉え方が広い概念が人工知能なのです」。

ここでは、人工知能とは何かという哲学には踏み込まず、大きな概念として知的な処理をする「人工知能」があるとして、先を急ぎましょう。次は「機械学習」「ディープラーニング」についてです。

まず、大きな答えとしては、機械学習もディープラーニングも、人工知能を実現するための手法だということです。その意味では、何となく人工知能も機械学習も、そしてディープラーニングもすべて似たようなものではないか？と感じる直感は正しいわけです。次に、機械学

習とディープラーニングの関係も、答えを示してしまいましょう。グーグルの賀沢さんは、今度は定義を明確に語ってくれました。

「機械学習の1つの分野が、ディープラーニングです」

そう。ベン図で示せば、大きな人工知能の枠があり、その中に機械学習の部分があって、さらに機械学習の中にディープラーニングの円が描かれているということになるのです（**図1－1**）。ですから、ディープラーニングのニュースを見たときに、機械学習や人工知能のことを話題にしているんだなと思うのは正解です。ただし、機械学習の話をしているときに、それが必ずしもディープラーニングの技術や手法を使っているかどうかはわかりません。そんな関係性を、まず理解しておきましょう。

図1－1　人工知能と機械学習とディープラーニングの関係

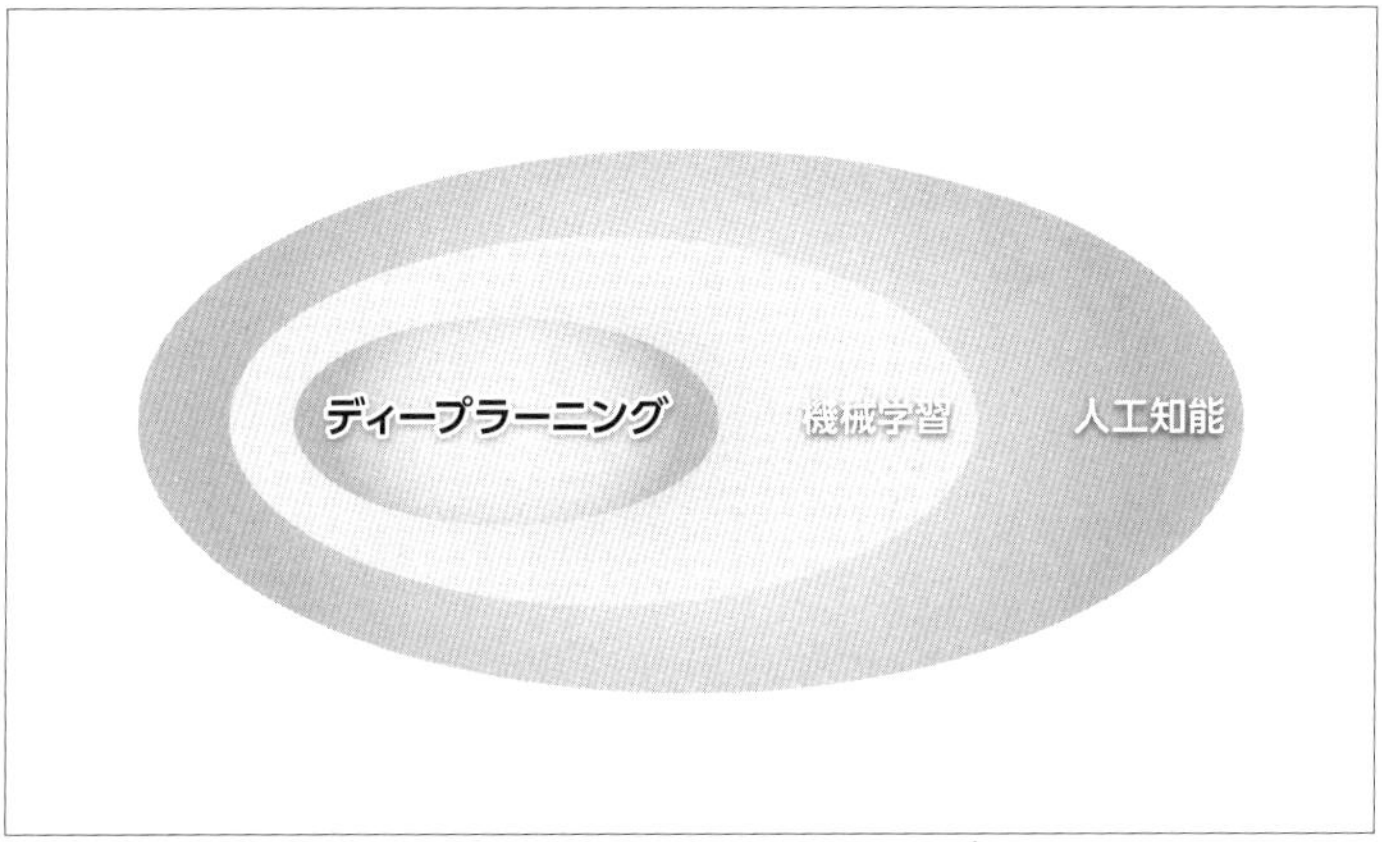

機械学習は人間がプログラムを作らない

機械学習の一部がディープラーニングだという定義はわかりました。それでは、大きな枠組みである「機械学習」とはどのようなことなのか、賀沢さんに聞いていきましょう。

「まず、普通の機械、要するにコンピューターのことを考えてみます。普通の機械は、プログラムに従って動作します。これはスーパーコンピューターでも手元のスマートフォンでも同じです。そのプログラムは人間が記述するわけです。Aという情報が入ってきたときに、Bの条件が同時に成立すれば、Xという動作をさせるというようなプログラムを人間があらかじめ作っておき、コンピューターはプログラムに従って答えを導きます」

それでは、機械学習はどこが違うのでしょうか。

「機械学習は、プログラムを人間が作りません。どう判断するかを人間が教えることなく、機械がいきなり情報を見て答えを出すことはありません。機械には、「A」という情報が入ってきたときには、答えは「X」だよといった例を教えてあげるのが1つの方法です。入力に対する答えとなる出力のセットの例を、たくさん機械に与えてあげるのです。そうすると、機械は人間がプログラムを作らなくても、不思議なことに勝手に学習して『モデル』を作っていくのです。これが機械学習の基本です」

機械が答えを出すための手法を、人間がプログラムとして与えるのではなく、機械が自動的に膨大なデータから学習してモデルを作るのが、機械学習だということです。機械学習では人間がプログラムを書くときのように、「どのような条件のときに、どのような答えが導き出されるか」といったことはわかりません。機械の中で、入力に対して正しい答えが導き出されるような〝モデル〟が作られるだけです。少し不思議な気持ちになりますね。

しかし、人間の赤ちゃんが物を覚えていくとき、親は論理的な条件分岐のプログラムを教え込むわけではありません。ある状況（入力）に対して、言葉の意味であったり、取るべき行動だったりの答えを教えていますよね。膨大な入力と答えのセットから知識を獲得していくという意味では、人間の学習にとても近いイメージを持つこともできそうです（**図1－2**）。

人工知能には、人間がプログラムを書くことで動作する種類のものも数多くあります。機械学習は、そうしたプログラムを必要とするタイプの人工知能とは別の種類であり、人工知能の1つの種類だと覚えておきましょう。

コンピューターの発達がディープラーニングを可能に

さて、機械学習のイメージが湧いてきたところで、話題のディープラーニングについて踏み込んでいきましょう。ディープラーニングは「深層学習」と訳されています。機械学習では、

図1－2　機械学習の学習の仕組み

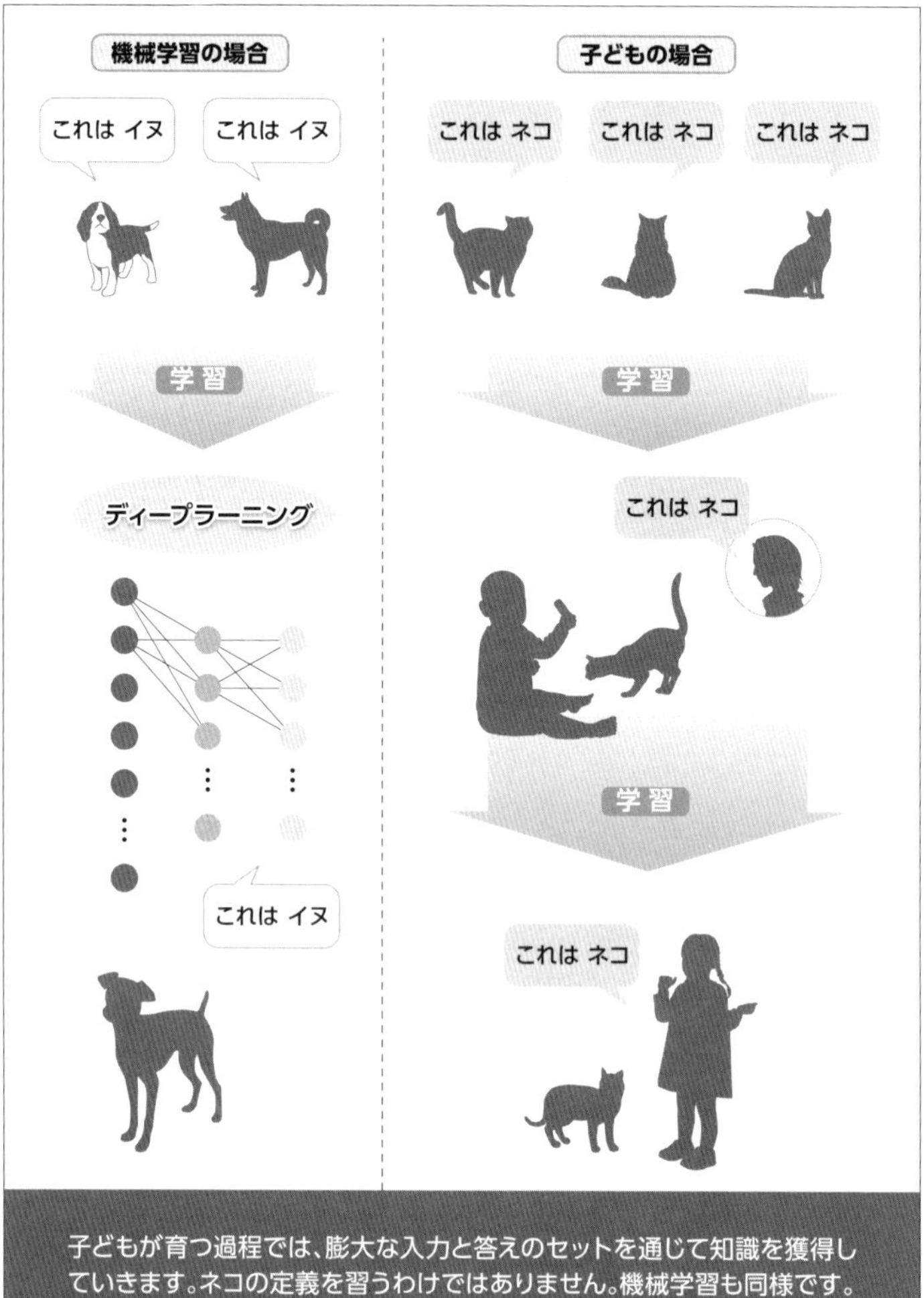

入力と出力があって、その間の関係性を「当てる」モデルを作ります。しかし、適切なモデルを作ることは一筋縄ではいきません。賀沢さんはこう言います。

「人間が、画像に何が映っているかを判断するプログラムを作るとしても、非常に難しいわけです。同じことを機械に学習させようとしても、やはり難しいんですね。機械学習では、入力に対して出力を決める『処理』を行います。この処理を1段階で、複雑な判断をさせることは難しいのです。例えば画像データを入力として与えたとき、明るいか暗いかであったり、右半分が明るい、左半分が明るいであったり、単純な判断は1段階の処理でできたとします。しかし、1段階では単純な処理が限界です。そこで、こうした処理の結果を、さらに処理する階層的な処理を行ってみます。すると、複数の段階の処理によって、画像データに映った形が判断できるようになったりします。もっと処理を重ねると、顔であることが認識できたりするのです。複数の層の処理を重ねて複雑な判断をできるようにする技術として、深層学習、すなわちディープラーニングと呼ばれています」

1段の処理では簡単な結果しか導き出せない機械ですが、この処理の層が深くなる（ディープになる）ことで、複雑な処理が行えるというのが、ディープラーニングの考え方です。ディープラーニングも機械学習の一種ですから、人間が「プログラム」を与えるわけではありません。入力と出力のセットをたくさん与えてやると、自動的に1段階ごとの処理の関係性を調整していき、入力に対して正しい答えを導き出すことができるようになるわけです。

ディープラーニングでは、計算処理を何段にも重ねて行わなければなりません。そして、その1段階ごとの処理の関係性を自動的に調整するためには、膨大な入力と出力のセットが必要です。計算の量がものすごいことになるのです。

「機械学習の考え方は数十年前からありましたし、ディープラーニングもアイデア自体はかなり昔からありました。しかし、10年前でも、まだやりたくてもできなかったというのが現実です。コンピューターのパワーが足りませんでしたし、膨大なデータを収集することも難しかったのです。それが、コンピューターの計算力の大幅な向上と、インターネットなどを介して大量なデータを収集することができるようになったことによって、この数年で実用レベルに達してきました」(賀沢さん)

ディープラーニングは、昨日今日で急に登場した新人ではなかったのです。下積み時代を過ごし、コンピューターやインターネットの発達という時代背景に乗って、今ようやく花開いた苦労人だったのです。しかも、そのディープラーニングが現在の人工知能活用の主流になろうとしています。

「今のトレンドの議論では、ディープラーニングの発達や利用が、人工知能の発達や利用を代表しているといえるかもしれません」

この賀沢さんの言葉にあるように、ディープラーニングを知ることは、今の人工知能活用シーンで最も重要なことです。人工知能の広い海の中に浮かぶ機械学習の島。その島で生まれたディープラーニングという生物が、人工知能の星を代表する生物として急成長しているといったイメージです。地球に生まれた人間のように、機械学習、そしてディープラーニングに着目することの必要性が、少しずつ見えてきたのではないでしょうか。

ディープラーニングについては、2章で改めて詳しく解説します。

「リサーチの洪水」のごとき人工知能の広がり

さて、ここまで人工知能、機械学習、そしてトレンドのディープラーニングの「超入門」を、グーグルの賀沢さんに尋ねながら進めてきました。グーグルや、グーグルの親会社として設立されたアルファベットは、現代の最高水準のITを持つ企業として知られています。プロ棋士に勝利した「アルファ碁」がアルファベット傘下のディープマインドという会社によって作られた囲碁プログラムということをご存じの方も多いでしょう。

とはいえ、グーグルやその関連会社がなぜ人工知能を手がけているのか、現在どのような取り組みを行っているのかなどは、多くの読者の方もすぐには説明できないのではないでしょうか。少し、グーグルと人工知能の深い関係について、説明をしてもらいましょう。

グーグルでは、「グーグルクラウドプラットフォーム（GCP）」と呼ぶ事業を展開しています。これは、グーグルがこれまでに開発してきた、ネットワークインフラや大規模データ処理、機械学習を含むコアテクノロジーを外部に提供するためのプロジェクトです。そのGCPでソリューションの責任者を務めるグーグルのマイルズ・ワードさんは、グーグルと人工知能の関係をこう説明します。

「CEO（最高経営責任者）のスンダー・ピチャイは、『機械学習も人工知能も、グーグルの技術を徹底的に革命的にする技術』だと語っています。グーグルにとってレボリューション（革命）を起こす原動力なのです」

この言葉からもわかるように、グーグルは人工知能を多くの技術の1つとして捉えているのではなく、非常に重要な中核技術として捉えています。グーグルの今後を占う屋台骨となると、考えているのです。そう考えるだけあって、グーグルの中での人工知能の成長の勢いは、とても急なものだと言います。

ワードさんは、「リサーチ（研究）の洪水」という表現で、人工知能の広がりを語ります。人工知能の技術が、グーグルのサービスやプラットフォームの上で数多くの新しい機能を実行できるようにしているというのです。

「コンピューターは、集中力は高く、焦点が明確ですが、一方であまり頭の良くない子どものようなものでもあります。無数に事例を教えてあげることで、子どもが物事を学ぶように学習しながら、物事を判断できるようになっていくのです。グーグルはこれまでに非常に多くのデータを蓄積してきています。これを活用して機械学習を進めることで、実際のサービスに活用できるような機械学習が実現できることを、この数年で実証してきたといえるでしょう」

さまざまなデータを大量に保有するグーグルにとって、機械学習やディープラーニングを含む人工知能は、密接に関連した手法だといえます。人工知能が、グーグルにとって革命を起こす中核的な技術だということがよくわかります。

「モバイルファースト」から「AIファースト」へ

グーグルは1998年、米スタンフォード大学の博士過程に在籍していたラリー・ペイジとセルゲイ・ブリンにより創業されました。その2人の共同の創業者は毎年、株主向けに手紙を送っていますが、2016年4月には、新たに就任したピチャイCEOがブログでメッセージを公開しました。そこで、人工知能とグーグルの関係について大きなビジョンが示されました。

Looking to the future, the next big step will be for the very concept of the "device" to fade away. Over time, the computer itself—whatever its form factor—will be an intelligent assistant helping you through your day. We will move from mobile first to an AI first world.

（「This year's Founders' Letter」より抜粋）

スマートフォンが普及した近年は、モバイルを第一に価値を考える「モバイルファースト」の重要性が、多く語られてきました。グーグルはもちろん、多くの企業が「モバイル」を第一義にしてサービスやビジネスを展開しなければならないと認識し、実践に移しています。しかし、ピチャイCEOは、今後はモバイルファーストから「AIファースト」に注力していくのだと宣言しています。

ワードさんは、グーグルの「AIファースト」について、「グーグルは非常に大きな企業です。グーグルが提供できるアプリケーションの姿も、非常に多様です。そうしたサービスの中で、機械学習で可能となる価値をさまざまなかたちで具現化していくことを第一に考えるということです」と説明します。

実際、グーグルではすでに自社が提供する多くのサービスに人工知能を取り込んでいるといいます。例えば、グーグルの最も基本的なサービスである「検索」では、検索の関連性を判断する3つ目の要素として、機械学習に基づく「RankBrain」を利用しているといいます。RankBrainは、検索結果を表示するために使われる数百の指標の1つではあるものの、私たちが日常的に活用しているグーグルの検索の結果にも、機械学習が使われているのです。そう考えると、人工知能や機械学習が遠い未来の物語から、とても身近なものに感じられてきます。このように、人工知能でよりよいサービスが提供できるように、グーグルでは「AIファースト」の考え方を徹底しているのです。各サービスでの人工知能の利用法は3章で改めて解説しましょう。

グーグルは、何十億人という人へさまざまなサービスを提供する会社であり、運営するデータセンターでは大きなサーバー運用や冷却などの維持費がかかります。実はそこにも機械学習の成果が生かされています。それが「節電」です（**図1－3**）。

「グーグルでは、ディープマインドと協力し、ディープマインドの機械学習モデルを活用して、Googleのデータセンターの冷却に使われる電力消費を抑える実験をしてみたところ、40％もの省エネが実現できました。通常、省エネは1％や2％でも大きな効果があるといわれています。これは非常に大きな成果です。コスト削減という意味ではもちろん、電力の消費を抑えることでグリーンな企業であることに貢献できるわけです」（ワードさん）

こうして見るように、グーグルやその関連企業はアルファ碁などの先端的な技術として人工

図1−3　グーグルのデータセンターはAIで大幅な節電を実現

知能を特別扱いしているわけではありません。AIファーストの掛け声の下で、今すぐ効果が得られる活用法を探求し、実装しています。人工知能の活用の成果は、グーグルに閉じて1社に利益をもたらすものではないでしょう。すでにグーグルでは、ライブラリをオープンソース化するなど、GCPを通じて、AIファーストの成果を外部に提供するプロジェクトを進めています。API（アプリケーション・プログラミング・インターフェース）という形式で、安価で誰もが画像認識や音声認識、翻訳などの人工知能を利用できるようにしています。

　また、すでに成果が得られているデータセンターの省エネやコスト削減は、地球温暖化や化石燃料の枯渇などの環境対策にも直接つながるものです。グーグルの先端的な取り組みから得られた成果が、巡り巡って地球上の人々に少しずつでもプラスの影響を与えられるとしたら、グーグルのＡＩファーストはとても大きな効果をもたらすことになります。

2章　入門

ディープラーニングの仕組み

ディープラーニングの仕組み

1章で、人工知能の「超入門」を読んで、少し機械学習やディープラーニングのイメージがつかめてきたと思います。知識の求められる処理をするコンピューターが「人工知能」と呼ばれることが多く、その中にコンピューターが自分で学習して世の中のことを覚えていく機械学習があり、さらに機械学習の1つの方法として多層の処理を重ねるディープラーニングがあるのでした。

さあ、そこまでわかれば、2章以降ではディープラーニングの本質に迫れる――かというと、まだまだわからないことだらけでしょう。ですから、2章はようやく「入門」です。グーグルの専門家の皆さんに尋ねながら、ディープラーニングの仕組みを理解する道のりを歩んでいきましょう。

機械学習「以外」の人工知能とは

1章で、ベン図で示した人工知能と機械学習、ディープラーニングの関係がありました。これから機械学習、そしてディープラーニングの話を進めるわけですが、その前に少しだけ「機械学習ではない人工知能」について、1章にも登場したシニアエンジニアリングマネージャの賀沢秀人さんに説明してもらいましょう。機械学習以外の人工知能が何をしているかがわかると、より機械学習のイメージがしやすくなるからです。賀沢さんはこう言います。

「機械学習以外の人工知能も、実はすでにさまざまなところで利用されています。その代表的な方式が、世の中の出来事を論理式で書き出すというものです。『雨が降ると地面が濡れる』といった関係を論理的に推論することで、すべての現象を導き出そうとするんですね。例えば『AならばB』という関係を積み重ねて、その推論の結果としてゴールを見つけます。数学の証明などは、コンピューターの助けを借りないとできないのですが、ここでは『AならばB』を積み重ねた人工知能の推論が有効に使われています」

この場合、人間が『AならばB』という関係をコンピューターに教えるので、機械学習ではありません。この他に、ゴールを定めておいて、ゴールを達成するには「その前に何をする必要があるか?」という複数のサブゴールを用意していく「プランニング」もあります。ロボットなどへの応用で、目的の動きをさせるために、何をすればよいかを人工知能が考えるといったときに使うことがあります。

また、特定の分野に限って人工知能の力を借りる「エキスパートシステム」もあります。人工知能はすべての知的なことを解釈しようと考えるわけですが、それは事実から推論したり計画法でゴールから遡って考えたりしても、なかなか実現が難しいわけです。それならば、分野を限って人工知能の力を最大限に発揮しようと考えたのがエキスパートシステムです。

「エキスパートシステムは一時期、かなり流行しました。教えなければならないことが非常に多い代わりに、狭い分野で確率的な判断をするケースでは有効に使えるシステムです。医療診断などで、症状から特定の病気である確率を計算するというような使い方をされていました」（賀沢さん）

少し見えてきたでしょうか。これらの機械学習以外の人工知能では、コンピューターが考えるための条件式を必ず人間が教えなければなりません。

例えば、顔写真から、人間の目を判断するには、「目の定義」を論理的な条件式にして、教え込むといった作業が必要だったのです。それを、目や鼻、髪の毛、口、耳と積み重ねて、ようやく顔写真のデータから「人間の顔」を探し出すことができる。大変な作業です。そして、人間の顔と猿の顔を区別するには、そのための条件式がたくさん必要になるのですから、気が遠くなってしまいます。

ルールを決めることから、「ルールベースの人工知能」という呼び方をすることもあります。

さあ、そして機械学習です。機械学習では、ルールベースの人工知能のように人間が条件を教えてあげる必要がなくなります。機械が自動的に学習してくれるからこそ、機械学習というわけです。

機械学習の基本

機械学習ではない人工知能を知ることで、機械学習のイメージが膨らんできたでしょうか。ここから、機械学習の基本を学んでいくことにしましょう。ルールベースの人工知能では、ある入力からそれに対応する出力を得るために、条件式などを人間が与える必要がありました。一方で、機械学習では条件式を与える必要はなく、機械が自動的に学習してくれます。とはいっても、機械学習をするコンピューターを家の中にただ置いても、何も変化はしません。学習するための材料と、学習するための考え方を与える必要があるのです。

基本的な機械学習では、画像や音声、テキストなどのデータを「入力」として用意します。一方で、コンピューターが出す答えに相当する「出力」を、入力に対応するか

図2−1　機械学習はブラックボックスに似ている？

たちで用意します。この入力と出力のセットを大量に用意し、コンピューターに学習させていくことを機械学習と呼ぶわけです。

ここでは人間がプログラムを作るといった意図は介在しません。入力と出力のセットをとにかく大量にコンピューターに読み込ませていくことで、自動的に**図2-1**の中央のコンピューターの左右にあるデータの関係性を作るのです。

図のコンピューターの中に出来上がるものを、「モデル」と呼びます。モデルは、入力から出力を得るための計算のプロセスを表現したものです。計算の仕方にはいろいろな技術がありますが、機械学習とは、入力と出力のセットからモデルを作り上げることと言えるわけです。賀沢さんはこう説明します。

「機械学習では、モデルそのものを作るのはすべて自動です。画像データを入力すれば画像認識になりますし、音声データならば音声認識になります。デジタルの世界では、どんなものも『01』の信号にしてしまいますから、データが何であれ機械から見ればただの信号です。大量に与えられた信号を機械が計算することで、入力と出力の間を関係づけるモデルが出来上がるわけです」

子どものころの知育や教材で、ブラックボックスというものがありました。何かを入れると、それが変わったものになって出てくる箱です。入力と出力に何らかの関係性があることに気づき、その決まりを考えるといった頭の体操をした記憶がある人もいるでしょう。機械学習も、入力と出力の関係からモデルを作るという意味では、子どものころのブラックボックスと似ています。ただ、大きく違うのは、入力と出力のセットが大量に用意されていることと、ブラックボックスがどのような変換をするかを機械が自動的に考えることです。そうたとえると、機械学習もだいぶ身近な存在になってくるのではないでしょうか。

機械学習といってもいろいろな手法がある

機械学習の基本が理解できたら、次は機械学習の仕組みを分類することにしましょう。機械学習では、与えられた入力と出力のデータのセットから、その間にどのような計算や処理をしたら適切な関係を記述したモデルを作れるかということを、機械が自動的に計算するわけです。

このモデル作成にはいろいろな手法があります。モデルを選ぶのは、機械学習を作る人間です。計算手法も何も設定されていない真っさらなコンピューターに、入力と出力のデータをただ投げ込んだとしても、機械学習が始まるわけではありません。どのようなモデルで機械学習をするかは、人間が設定しなければいけないのです。

機械学習で扱われるモデルには、多くの種類があります。「決定木」「帰納推論」「ニューラルネットワーク」「ディープラーニング」などが代表的なものです。ここでようやく「ディープラーニング」が出てきました。機械学習の1つの手法が、ディープラーニングというわけです。

「決定木」というのは、ある入力に対して「Yes」「No」を選んでいくことで、出力の答えを導く方法です。占いページで、当てはまる方を選んでいくと、性格だったり運勢だったりが示される分岐式のチャートがありますよね。イメージとしてはそれに近いものです。例えば、医療分野であれば、「発疹はありますか」(Yes/No)、「熱はありますか」(Yes/No)といった分岐を繰り返して、症状から病名を特定するような人工知能を考えてください。

賀沢さんは「決定木は、人間が手作業で作ることもできますが、その場合は機械学習ではありません。一方で、機械が決定木を自動的に作成する手法もあります。こちらの手法を使えば、機械学習の1つとなるのです。出来上がるモデルは決定木で、それぞれの分岐でYes/Noの関係がわかります」と言います。

「帰納推論」というのは、少し決定木とは異なる考え方です。条件分岐で記述するのではなく、「AならばB」「BならばC」といった論理式で記述します。モデルは論理式の集合になるわけです。これも、自動的に機械がモデルを作成する手法があり、機械学習の1つの手法として使われています。

ニューラルネットワークは脳の神経構造

「ニューラルネットワーク」は、耳にしたことのある人が多い言葉でしょう。脳の神経の構造を論理的にまねすることで、知的な処理をコンピューターにさせようというものです。脳の神経細胞である「シナプス」は、隣接するシナプスからの信号の入力が一定の値を超えると、次のシナプスに対して信号を送り出す一方通行の神経伝達をします。コンピューター上に、シナプスと同様な神経伝達の仕組みを作って計算処理をさせる手法が、ニューラルネットワークというわけです。人工的に作ったニューロンがニューラルネットワークの「ノード」と呼ばれます（**図2−2**）。

ニューラルネットワークでは、脳のシナプスの連携にまねて、ノードを多層に連携させます。前の層からの信号を入力として、入力信号の合計が決めた値

図2−2　ニューラルネットワークのノードとなる「ニューロン」

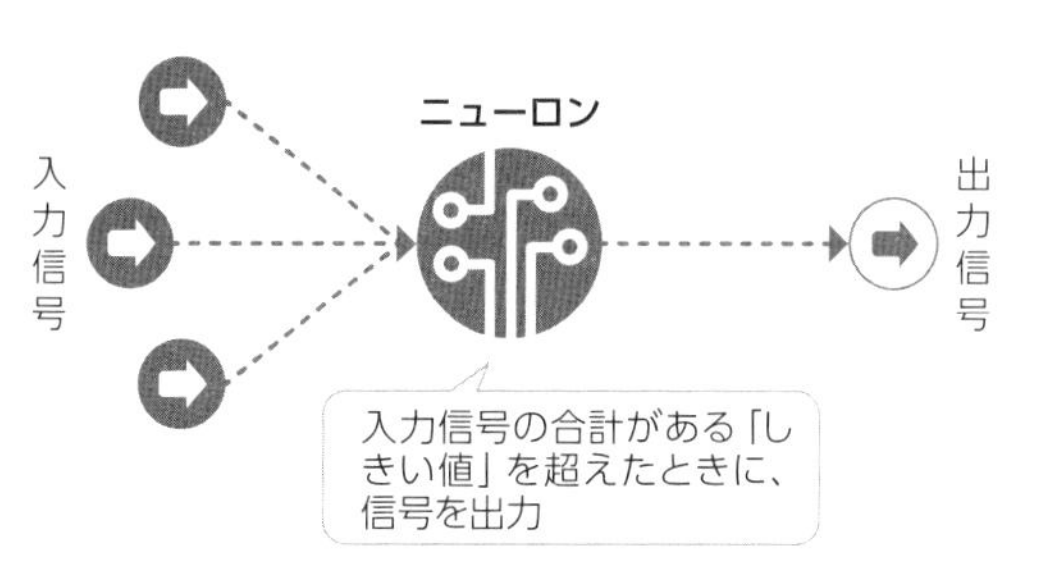

を超えたときに、ノードは信号を出力するというものです。どのようにノードをつなぎ合わせるか、信号を出力するためのしきい値をどのように設定するか――などを考えることで、全体の入力に対する出力を得るわけです。

　ニューラルネットワークの典型的な構造としては、**図2－3**のように入力層、中間層、出力層で構成されるモデルがあります。入力層に画像や文字などのデジタル信号を入力し、ノードがそれぞれの結びつきの重み付けに従って中間層、出力層へと信号を伝達し、出力層で答えを導く仕組みです。

　学習する際には、あらかじめ用意してある入力と出力のセットから、ノード間の関係の重み付けや信号を出力するときのしきい

図2－3　典型的なニューラルネットワークの構造

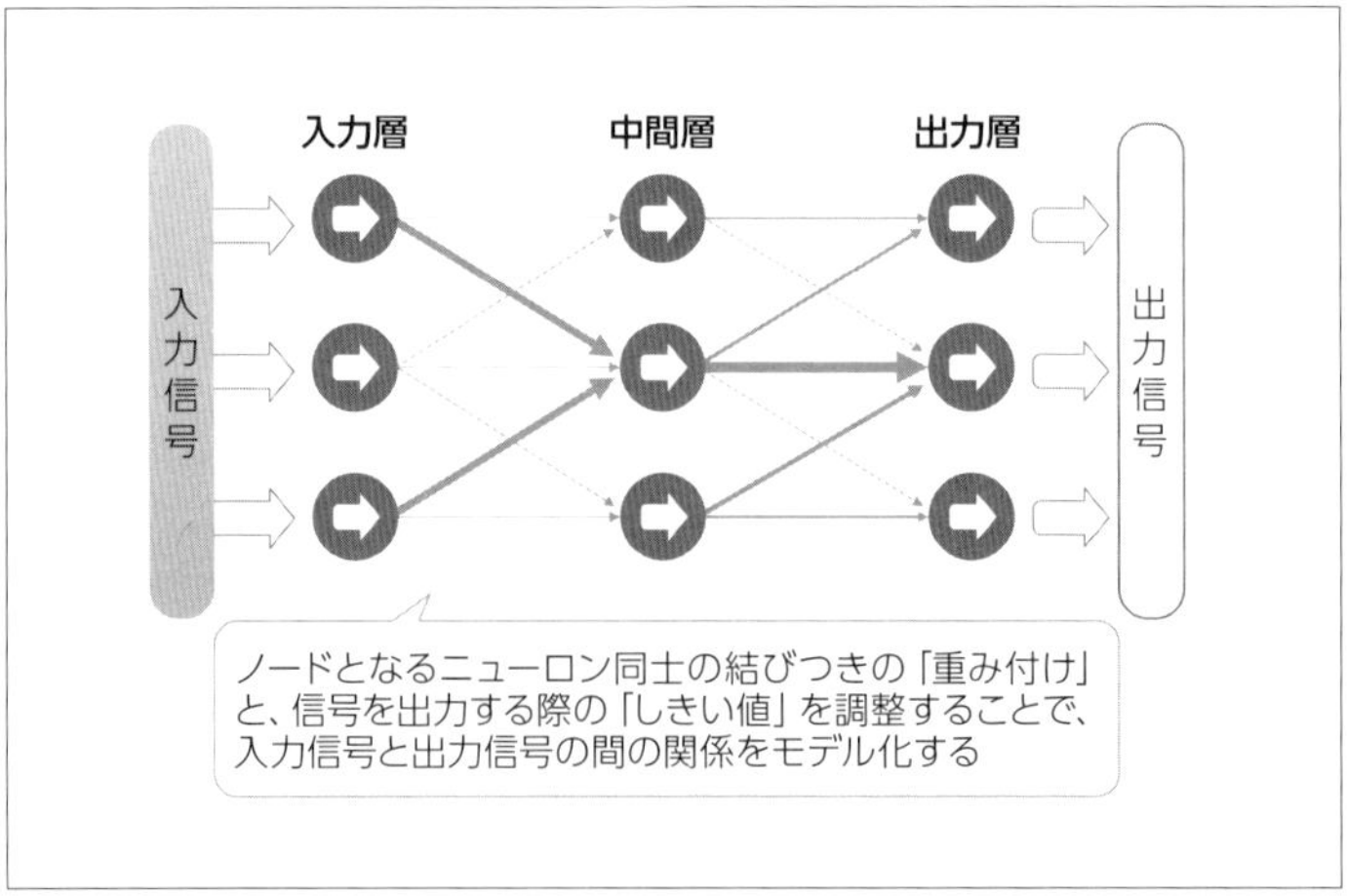
入力層
中間層
出力層
入力信号
出力信号
ノードとなるニューロン同士の結びつきの「重み付け」と、信号を出力する際の「しきい値」を調整することで、入力信号と出力信号の間の関係をモデル化する

値を調整していきます。正解により近づくような値を自動的に計算することで、機械学習を実行するのです。

機械学習が終わってしまえば、その後は入力データを入力層に入れれば、出力層から答えが出てきます。音声を入力してテキストを出力させる音声認識や、画像データを入力して映っているものの名称を出力する画像認識などが、データを入力するだけで可能になるというわけです。

こうした構成で動くニューラルネットワークですが、すぐに実用化されたわけではありません。賀沢さんは「ニューラルネットワークも、古くから研究されてきました。しかし、大規模なデータを使ってモデルを学習させることが難しく、実用面での用途はとても限られていました。2000年ごろでも、ニューラルネットワークの研究をしていると言うと、『今さらですか?』と言われるほどだったのです。しかし、データ量と計算機パワーの爆発的な増大が、ニューラルネットワークの1つのかたちであるディープラーニングの可能性を広げました」と話します。

ディープラーニングは、深層学習と言うこともあります。層が深い学習をするわけです。これはニューラルネットワークの構造と併せて考えてみましょう。ニューラルネットワークの典型的な構造では、入力層、中間層、出力層の3層構造をとっていました。これでは、複雑な情報を処理するのが難しそうなことは、素人目にもわかります。

そこで、中間層を多層化することを検討します。それがディープラーニングです。深層学習とも呼びます。数十や100を超えるほど多層化したノードを構成し、大量のデータを使って機械学習することで、ニューラルネットワークが実際に利用可能な答えを導き出すようになってきたのです（**図2－4**）。

「2005年ごろから、ディープラーニングの可能性が広がってきました。ディープラーニングでは、多くのデータを使って学習する必要があります。少し昔であれば、画像やテキストのデジタルデータを大量に集めることは、それ自体が大変なことでした。しかし今は、インターネットが普及したことで、タグを付けた写真データはイン

図2－4　中間層を多層化していくと、ディープラーニング（深層学習）が可能になります

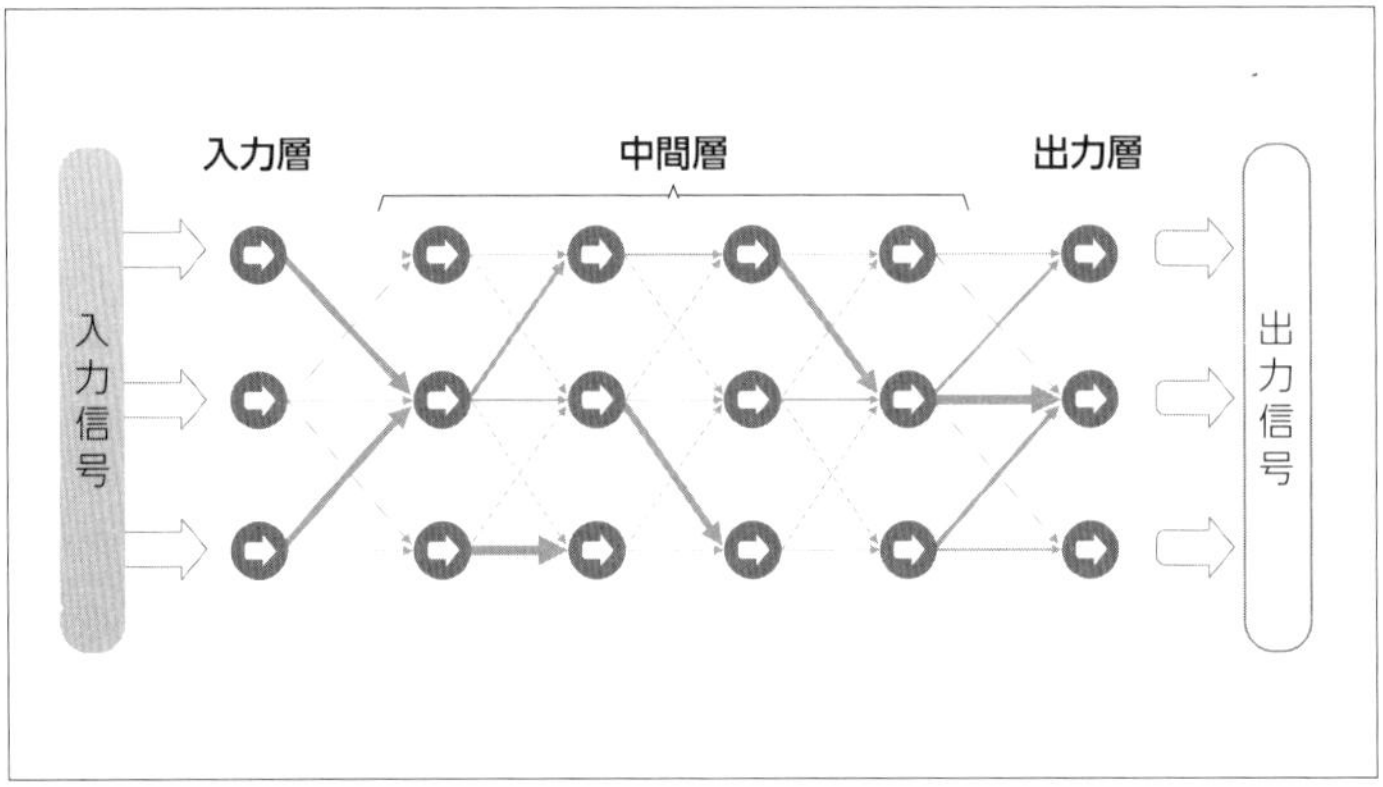

ターネットにたくさんアップロードされています。インターネットをクローリングしてくれば、大量のデータを集めることは以前より格段に容易になりました。計算機のパワーも飛躍的に向上しています。これらの条件が組み合わさり、ニューラルネットワークの1つのかたちであるディープラーニングが実用段階に入ったのです」（賀沢さん）

ディープラーニングは、実用性が疑問視されていたニューラルネットワークを、一気に主役へと押し上げました。「ディープラーニングが、ルールベースの人工知能や他の機械学習と異なるのは、とても単純であることです。ディープラーニングの構成を定める必要はありますが、あとは大量のデータで機械学習させるだけで、答えを導き出すモデルを作ってくれるからです」（賀沢さん）。ディープラーニングが注目されるのは、複雑な処理をする人工知能を、比較的簡単で単純な手法で構築できるからなのです。

分類の仕方はコンピューターが自分で学んでいく

機械学習とディープラーニングのことが、少しずつわかってきました。コンピューターが、人間によるプログラムなどを使わずに、自動的に判断する基準となる「モデル」を作り上げていくのが機械学習でした。そして、機械学習の中の1つの手法であるニューラルネットを、多段に重ねて処理する手法がディープラーニングでした。とはいっても、まだ言葉の上での理解に留まっている読者も多いでしょう。実際に、ディープラーニングとはどのようなことかを、もう少し具体的な例を挙げて見ていきましょう。

ここからは、グーグルで、グーグルクラウドプラットフォーム（GCP）のエバンジェリストを務める佐藤一憲さんに説明員をバトンタッチしてもらいます。佐藤さんは、まずニューラルネットの基本から説明を始めます。

「とてもシンプルな例から考えていきましょう。人間の身長と体重のデータがあったとします。身長をx1、体重をx2としてデータを作り、x1とx2の関係をグラフにしてみると**図2-5**のような様子がわかります。ここでは、例えば身長と体重のデータに加えて、大人か子どもかを表すデータがあったと考えましょう。○のプロットは子どものデータ、△のプロットは大人のデータだとしま

図2−5　身長(x1)と体重(x2)のデータをプロット

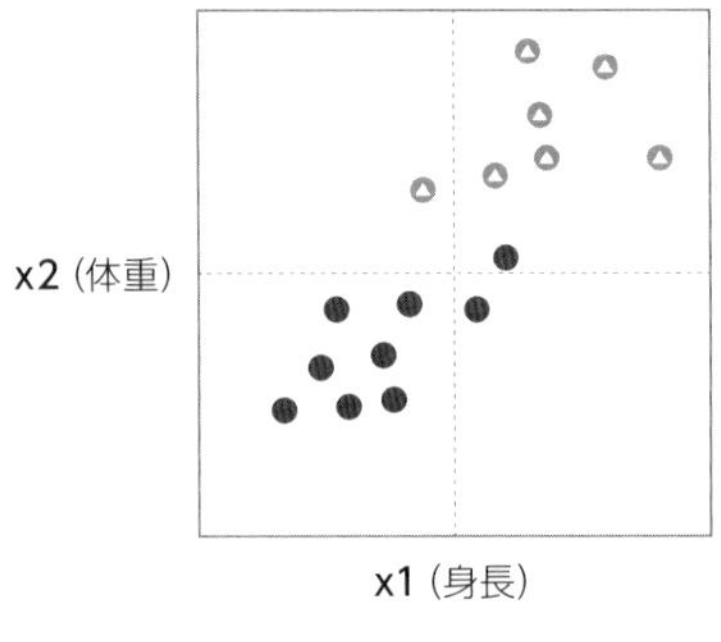

す。すると、グラフの上にある関係性が見えてきます」。

佐藤さんは、こう続けます。

「一般的なプログラム言語では、グラフの中の境界線を人間が設定することで関係を判断します。あくまでも人間が指定する必要があり、人間がコンピューターに教えてあげる必要があります」

図2-6のように、人間が境界線となる線を指定することで、グラフは2つの領域に分けられました。コンピューターはそのプログラムに従って、新しいデータが入力されたときに、「大人」「子ども」といった答えを出すことができるわけです。

図2−6 人間が「大人か子どもか」の境界線を指定

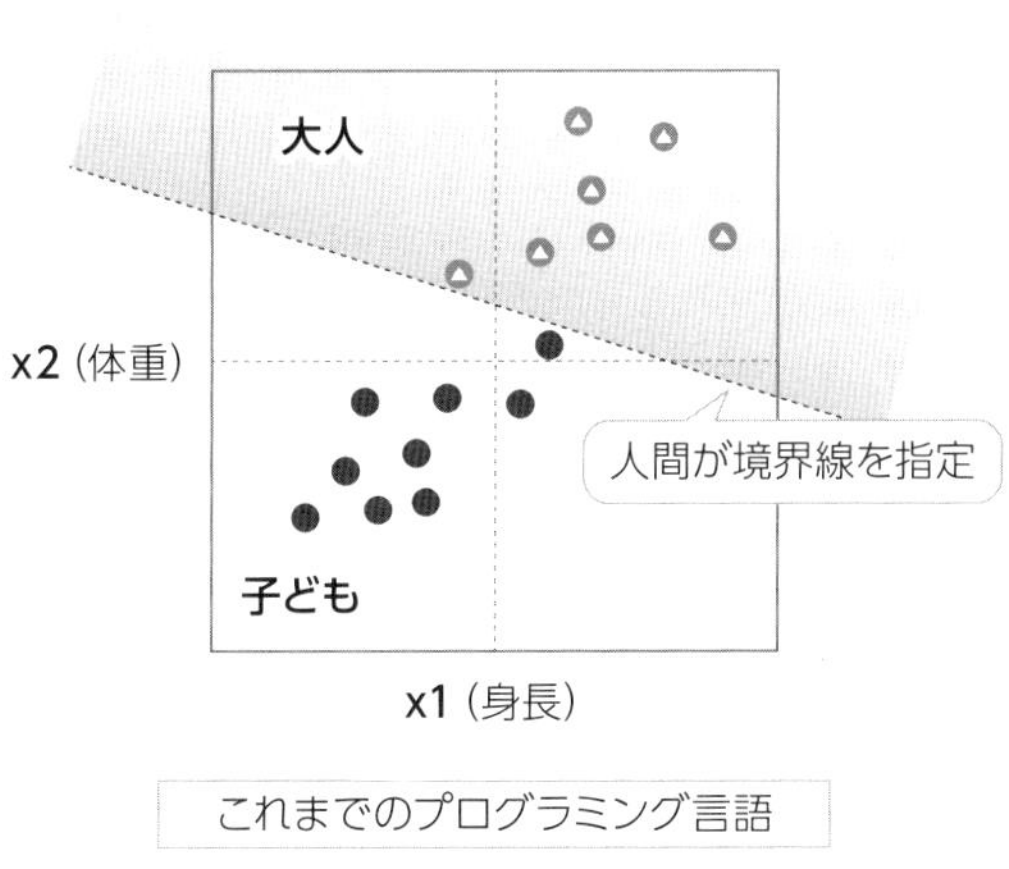

「それでは、ニューラルネットワークではどうでしょうか。ニューロンにお手本のデータを投入していきます。最初は、乱数で初期化するので、まるで間違った方向に境界線を設定してしまいます。ニューラルネットワークに投入するお手本のデータがだんだん増えていくにつれて、答えの間違いが少ないような分類の仕方をコンピューターが自分で学んでいきます。これが、ニューラルネットワークが学習するときのイメージです」（佐藤さん）

ここで見たのは、グラフ上で直線が領域を分けるとてもシンプルな例です（**図2−7**、**図2−8**、**図2−9**）。入力の層と、1個のニューロンがある最

図2−7、2−8、2−9 ニューラルネットワークがお手本のデータから学習するステップ

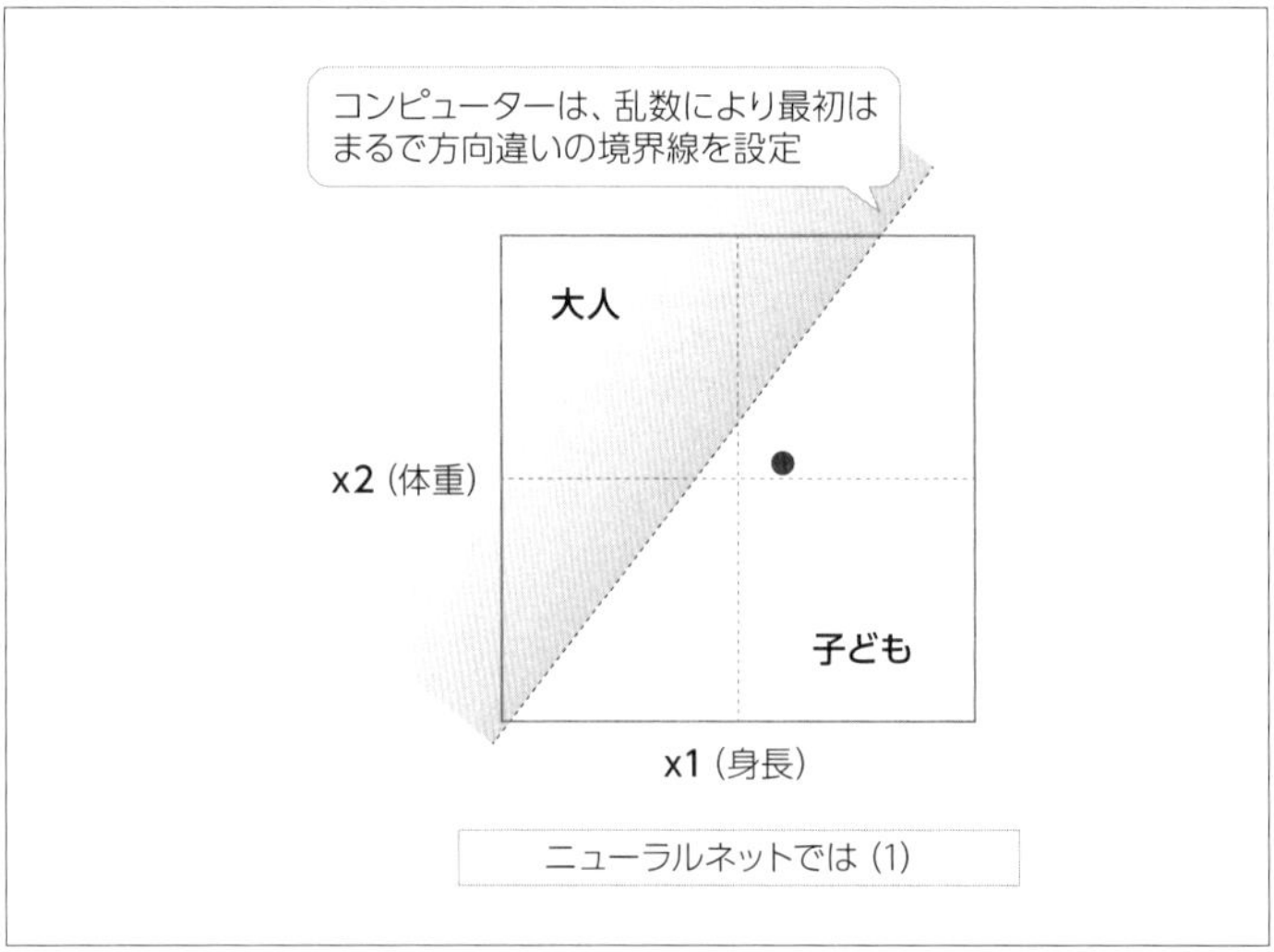

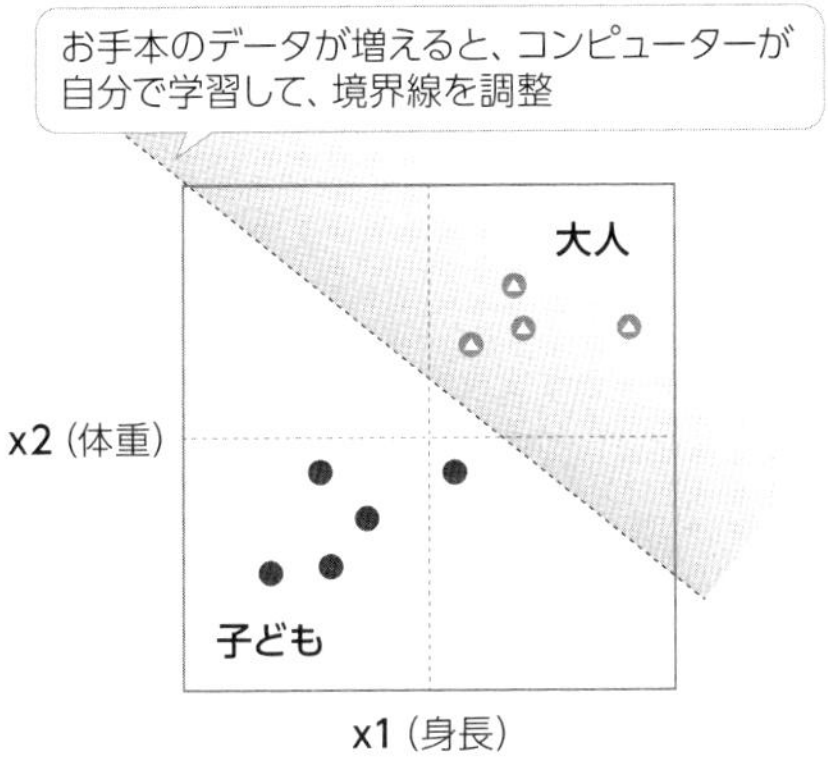

ニューラルネットでは（2）

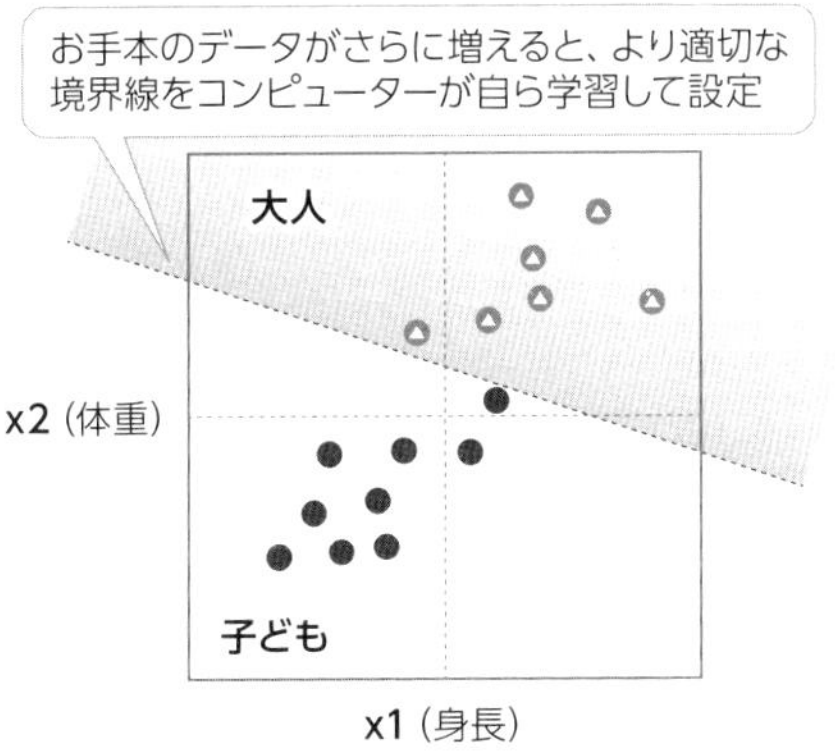

ニューラルネットでは（3）

も簡単なニューラルネットワークで、学習することができます。しかし、実世界のデータは、このように直線で分類できるようなものは少なく、より複雑な分類や判断が求められます。

「データが複雑になると、1個のニューロンでは間に合わなくなってきます。ニューロンの数を増やし、さらにその層を増やしていくことで、コンピューターが自ら識別できる対象が増えていくわけです。与えられた画像から犬と猫と人間を区別したり、大

図2−10 ディープラーニングでは、層を重ねるごとに、高次元の概念の認識が可能になります

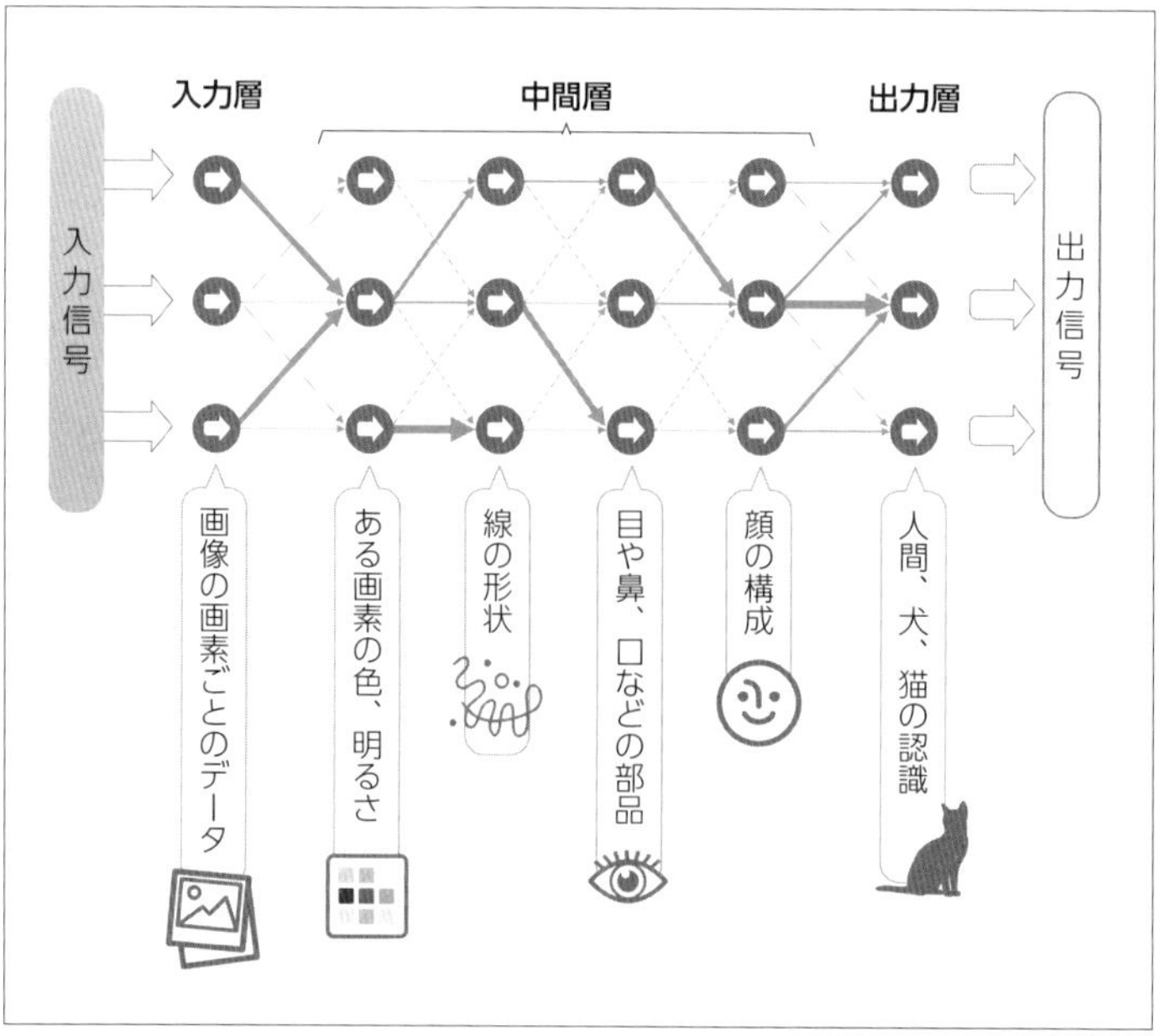

人と子どもを分類したりするとなると、多くの層のニューラルネットワークを組み合わせる必要があります。こうして、高度なニューラルネットワークができていくのです」（佐藤さん）

模式的に、**図2-10**にディープラーニングで画像を認識する際のイメージを示してみました。入力層では入力データとして画像データの画素ごとのデータが与えられます。ディープラーニングで学習したニューラルネットワークでは、入力層に近い層では、まだある画素が明るいか暗いかといった認識しかできません。しかし、次の層に進むと線がどのように連なっているかが判別できるようになります。さらに次の層では、線分や明暗の組み合わせから目や鼻、口といった顔のパーツの認識ができるようになります。そうして、顔のパーツの組み合わせを受け取った最後の層では、顔の全体の構成を認識することができます。その結果、人間の顔なのか、犬なのか、猫なのかといった判断ができるのです。

ネット上の「遊び場」でニューラルネットを理解

こうしたニューラルネットの学習の様子を、手に取るように感じられるＷｅｂサイトを、グーグルは用意しています。「Ｐｌａｙｇｒｏｕｎｄ」（http://playground.tensorflow.org/）というサイトで、実際にニューラルネットを動かしてみることができるのです。

先ほどの「大人か子どもか」の例のように、単純に直線で分類できるようなデータの集まりの場合、少ないニューロンですぐに正しくしきい値を学習していきます（**図2－11**）。
一方で、直線では分類できない入り組んだデータの集まりの場合は、ニューロンの層を増やさないと分類できません。少し層を増やすことで、分類することができました。

もっと複雑な分類になると、ニューロンの層をかなり増やし、それぞれの層のニューロンの数も多くしないと判断が難しくなります。人間ならば、ひと目見てパターンを認識できてしまいますが、ニューラルネットでは誤りが少ない分類を一生懸命考えて、学習していることがわかります（**図2－12**）。

佐藤さんは、面白いたとえをしてくれま

図2－11　Playgroundでニューラルネットワークを体感。単純な分類ならば、1層でもOK

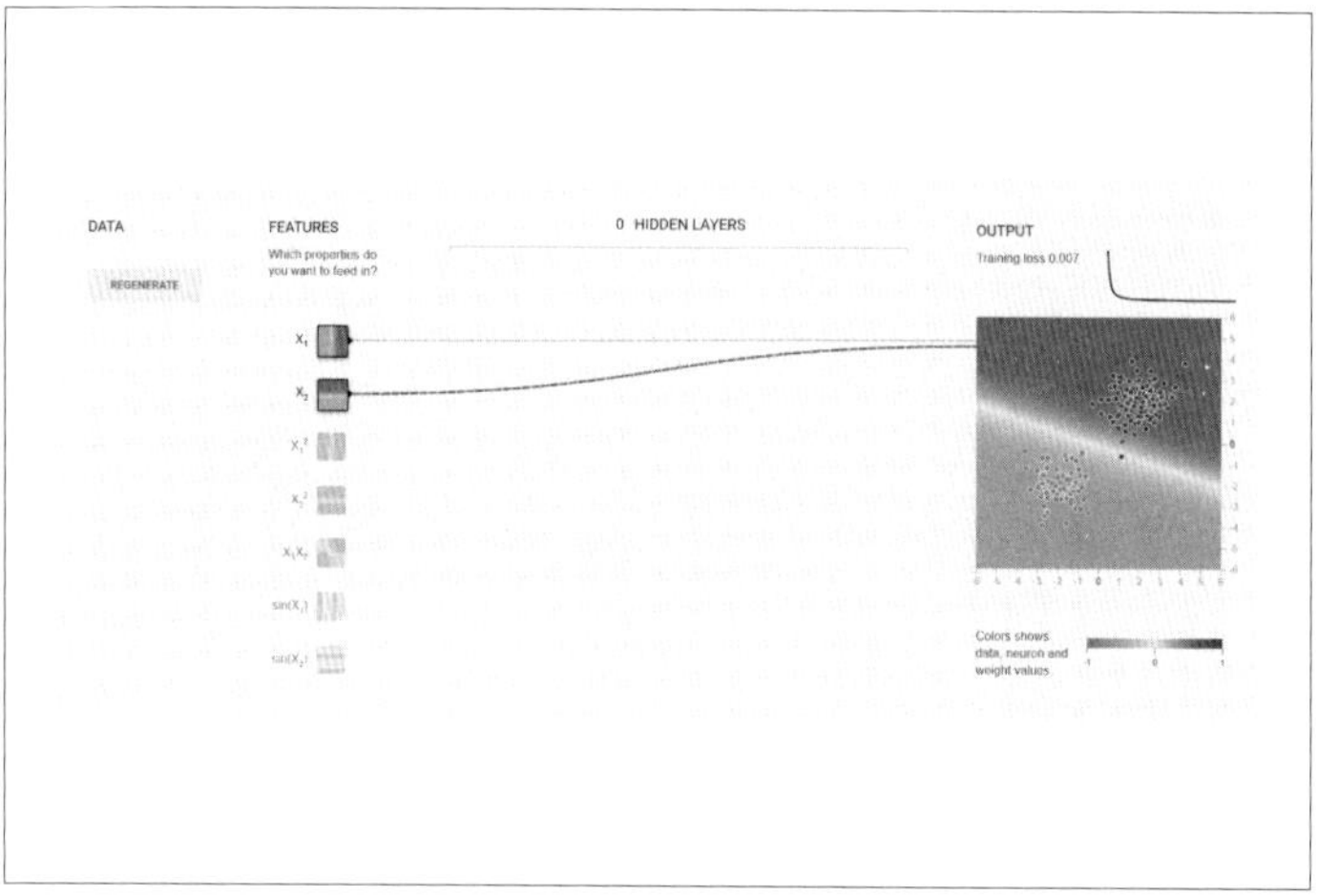

した。それは、会社の組織での人間模様とディープラーニングのちょっとしたメタファーです。

「オフィスに、新入社員と中堅社員、マネジャーがいたとします。新入社員は、取引先のA社と電話をして、次に工場に電話をして、という作業を繰り返しています。新入社員は目の前の電話に一生懸命で、状況がよくのみ込めていません。でも何人かの新入社員の電話の状況を見ていた中堅社員は、トラブルが起きているのでは？と判断することができるでしょう。そしてさらに複数の中堅社員から報告を受けたマネジャーは、工場のラインに問題が起きていることを判断することができます。

ニューロンもオフィスの社員と同じで、階

図2−12　らせんが入り組んだようなパターンの場合、多層化とニューロン数の増加によって対応できることが体験できます

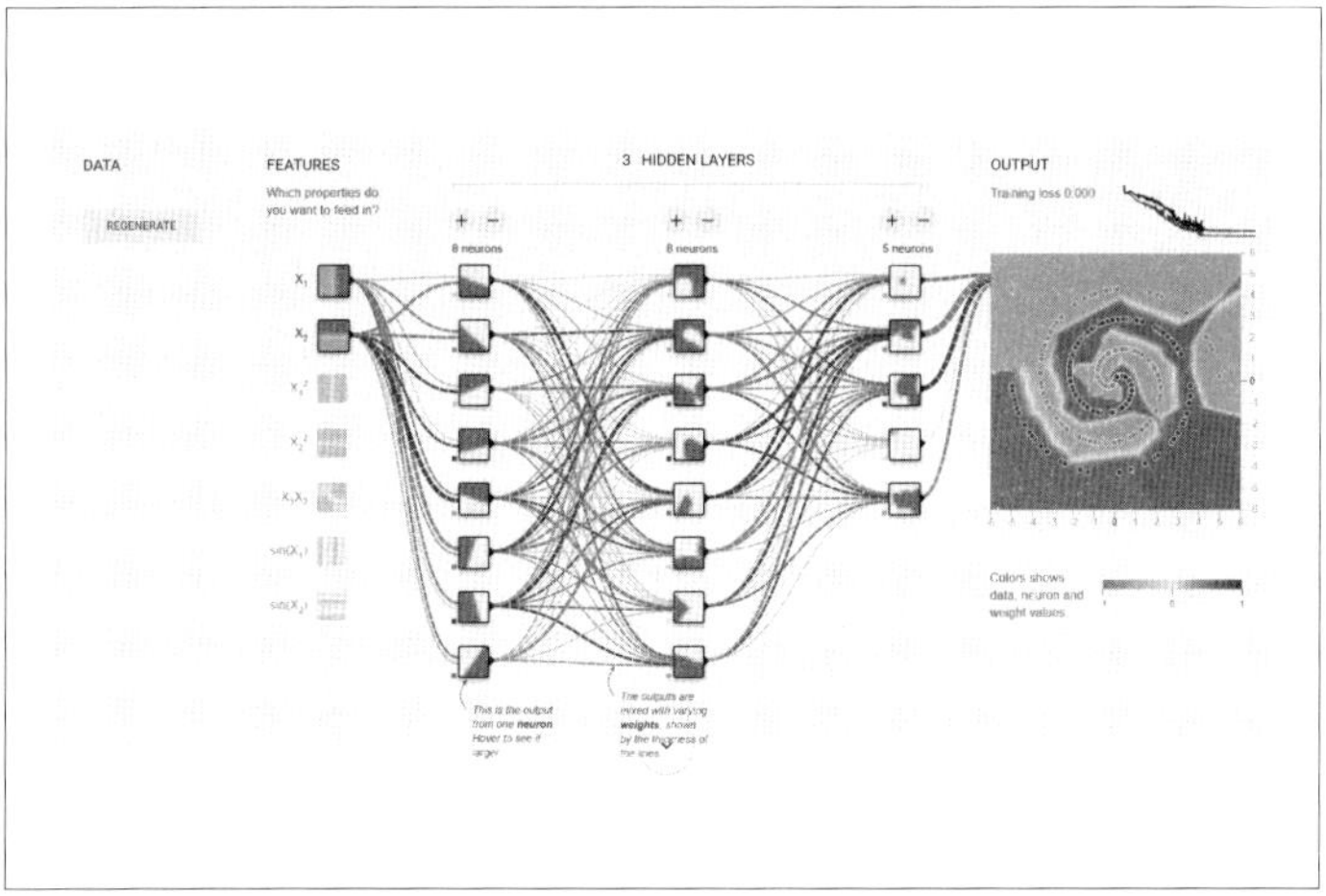

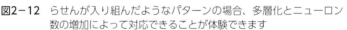

層構造を作ることで、より複雑な判断を下すことができるのです」

このような見方をすれば、ディープラーニングが、さらに身近になってきそうですね。とはいっても、現実社会で数十階層を超えるような役職がある会社には勤めたくないかもしれません。コンピューターでは、数十階層のニューラルネットを使ったディープラーニングでも、誰も文句を言わずに仕事をし続けてくれるので、安心です。

ここまで見てきたところで、ニューラルネットとディープラーニングを理解する際のポイントを、整理しておきましょう。

- ・ニューラルネットでは、お手本データをたくさん読み込むことで、間違いが少なくなるようにニューロン間の関係を示す値を調整しながら学習します
- ・データが複雑になるほど、多くの層のニューラルネットが必要になります
- ・最大のポイントは人間がプログラムして動くのではなく、コンピューターが自ら特徴を見つけだすことです

もう1つ、ここまで読み進めてきた人には、感じていることがあるかもしれません。そう、

ここで見ているようなニューラルネットや、多層で学習するディープラーニングは、人間が「答え」を教えることはありますが、人間は「解き方」を教えません。

人間が解き方を教えるとなると、最大でもその解き方を教えた人間のレベルまでの仕事しかできないわけです。しかし、コンピューターが自分で解き方を考えると、人間を超える可能性も出てくることになります。与えられたデータから、人間では考えもつかなかったような答えを導き出すこともあるのです。

ディープラーニングが注目されていることの1つの理由は、人間を超える可能性にあるともいえるでしょう。

教師あり学習と強化学習

機械学習について、「お手本のデータを使って学習する」というフレーズを、これまで何度も繰り返してきました。機械学習では、ルールベースの人工知能のように人間が答えの導き方をプログラムすることはありません。人間が繰り返し、物を見たり音を聞いたりして学習していくように、機械学習ではお手本として与えられたデータを基にコンピューターが学んでいくのでした。

実は、その学び方はさまざまな方法が研究開発によって生み出されています。中でもよく使われている方法を、2つ紹介しましょう。1つは「教師あり学習」、もう1つは「強化学習」というものです。これまで、「自動的にコンピューターが学習します」といって煙に巻いてきましたが、実際には学習方法がいくつかあり、実際の利用の仕方も違っています。

まず、「教師あり学習」です。こちらは、比較的わかりやすい概念です。入力のデータに対して、この出力が得られれば正解という答えがある学習の仕方です。

入力として画像のデータがあったとします。出力は、それが人間か猫か犬かを区別するのだとすれば、これは明確に答えがありますよね。人間であり犬でもある、という答えは存在せず、入力画像に対して出力として得られた答えには、正解か不正解かのどちらかが決まります。

教師あり学習では、正解だったか不正解だったかという情報を「教師」として、画像とセットでコンピューターに教えます。そうして、だんだんと正解の出力が得られる確率を高めるように、内部のパラメーターを調整していくのです。それが学習の過程です。

対して、「教師なし学習」という手法もあります。「強化学習」は、この教師なし学習の一種といえます。

今の状態から次の状態に変わるときに、何が正解かその時点ではわからないケースがあります。例えばゲームの一手では、その時点でよい手だと判断したとしても、ゲームの勝敗が決まらないと「最終的な正解」が見えてきません。自動運転を考えてもよいでしょう。自動運転では、ぶつからないで目的地まで運転することが最終的な正解であり、現時点の次の操作としてアクセルを踏むかブレーキを踏むか、ハンドルを回すのか——といったことはその時点で正解が得られないのです。

再び、賀沢さんに登場してもらいます。賀沢さんは、こんな説明をします。

「例えばボードゲームの場合、似たような盤面で次の手としてある特定の手を指したとき、この手では勝ちが多かった、こっちは負けが多かったということは、ゴールまで到達してみてようやくわかるものです。1回1回の手に正解のデータがあるのではないのだけれど、最終的にいいことがある、すなわち報酬が得られる場合に、その報酬をフィードバックすることで学習させるのです。これを繰り返す学習の方法を、強化学習といいます」

人間が何かを学ぶときも、状況によって教師あり学習や強化学習のような学び方を使い分けているかもしれません。小さな子どもが、絵本を見ながら動物の名前を覚えていくとき、「これは何?」「こっちはネコさん?」とお父さんやお母さんに尋ねながら、正解を覚えていくような学習の仕方は、教師あり学習に近いものでしょう。一方、サッカーの試合に勝つために、繰り返し繰り返しゲームのスタイルでパスやシュートをしながら勝ちパターンを学んでいくといった学習の仕方は、強化学習に近いと考えられそうです。

そして、賀沢さんはこう言います。

「現在の機械学習では、大部分は教師ありの機械学習です。入力のシグナルがあったときに、すぐに出力の答えが決まるものですね。正解の出力がすぐには決められない強化学習は、これから応用が広がっていくと思います」

実際には、教師なし機械学習で、強化学習でないタイプの機械学習もあります。強化学習では、最終的な正解（報酬）がゲームの勝敗や安全な目的地への運転といったかたちで決まります。そうした正解すらないような場合もあるのです。賀沢さんは「たくさんのデータを入力して、データ自体の構造を発見するといった場合に用いられます。クラスタリング分析などで用いられる手法です」と言います。例えば大量の手書き文字を見て、似たものを分類していくような用途が該当するでしょう。

こうした機械学習の手法があることを頭の隅に置いておくと、どのようなケースでどの機械学習が使えそうか、整理がついてくるかもしれません。

「アルファ碁」は強化学習をフル活用

強化学習が効果を発揮した典型的な事例があります。人工知能の話題といえば、ITに強くない人でもよく知っている「人工知能がプロ棋士に勝利した！」というニュースです。201

6年3月には、国際戦で何度も優勝を重ねているプロ囲碁棋士のイ・セドル九段と対局し、5戦中4勝して人工知能が勝利を収めたというのです。このシステムが「アルファ碁」。グーグルの親会社であるアルファベット傘下の人工知能開発ベンチャー英ディープマインドが、これまでコンピューターにとっては難しいとされた「囲碁対戦」という問題を解くために開発した人工知能です。

囲碁は、2人のプレーヤーが、白と黒の碁石を碁盤上に交互に置いていき、相手の石を取り囲んだりしながら自分の地（領地）を広げ、地の面積を競うゲームです。ルールはシンプルですが、考えられる手の数はあまりにも膨大になり、コンピューターであってもすべてのケースを先読みして勝負するといったことができません。チェスなどでは人工知能が人間の第一人者よりも強い時代がすでに到来していますが、囲碁ではなかなかそうしたレベルに達することがありませんでした。

そうした中でディープマインドは、ディープラーニングを活用してアルファ碁を作りました。アルファ碁では、ディープラーニングと、乱数を使ったシミュレーションで統計的に答えを導き出す「モンテカルロ木探索」という手法を組み合わせました、モンテカルロ木探索は、ゲーム用の人工知能でよく使われる方法です。

アルファ碁は、囲碁の盤面（19×19）の状態をそのままディープラーニングの入力として、数百万ノードで構成された12層のニューラルネットで処理をします。ニューラルネットには2種類あり、1つが「次の指し手」を決める「ポリシーネットワーク」、もう1つが勝率を計算し勝者を予測する「バリューネットワーク」です。ポリシーネットワークでは、指し手を探索する範囲を狭めていることが特徴です。一方、バリューネットワークでは、探索の深さを狭めています。

ディープマインドでは、このニューラルネットを、囲碁の達人たちが残した3000万を超える指し手を使って、学習させました。

さらに、ここからがコンピューターのすごいところですが、アルファ碁は自分のニューラルネットの間で自動的に対局を行うことができます。佐藤さんは「アルファ碁は、架空の対局を自分で繰り返し、勝利という目的に向かって調整を続けました」と表現します。先ほど紹介した「強化学習」の手法です。試行錯誤を繰り返しながら、ニューロン間のコネクションの値を調整し、アルファ碁が自ら新しい戦略を学んでいったのです。人間との対局では考えられないような、さまざまな手がアルファ碁の中で生まれて、それに対して勝利に近づく最適な手の打ち方を探していったのです。

成果は明らかなものでした。トレーニングが完了した後、グーグルでは最先端のコンピューター囲碁プログラムとトーナメント形式で対決させたところ、アルファ碁はなんと500戦で

４９９勝という圧倒的な勝利を収めたのです。その後、３回の欧州チャンピオンの実績を持つプロ棋士に５戦全勝したのが２０１５年１０月のこと。そして２０１６年３月にはイ・セドル棋士に勝利することができました。

アルファ碁は、すべての囲碁の手を計算して勝利を目指すコンピューターではありません。人間が囲碁の打ち方や勝ち方を教えたわけではないのです。ディープラーニングによる機械学習技術によって、コンピューターが自分で囲碁をマスターし、世界でトップ級の棋士にも勝利できることを示すことができました。「どうやったら勝てるか」といったことを教えずに、とある状況から最適な答えを導き出すコンピューターがつくれることが実証されました。これは、囲碁というゲームに勝ったというだけでなく、さまざまな分野で機械学習によって最適な答えを導き出すコンピューターがつくれる可能性を広げるものです。

３章ではグーグルのディープラーニング活用事例を紹介していきます。ディープラーニングで何が実現できるのか、身近なサービスを自ら利用しながら体感していきましょう。

3章　グーグル事例編

グーグルの
ディープラーニング活用事例

グーグルのディープラーニング活用事例

2章まで読み終わったところで、機械学習やディープラーニングについてのイメージが膨らんできました。人間があれこれ指図しなくても、たくさんのお手本を基にコンピューターが自分で答えを見つけ出すための方法を学んでくれるのです。ディープラーニングで使うニューラルネットワークは、人間の脳の神経細胞を模式化したシステムです。しかし、人間が教えるわけではありませんから、人間とは違った才能を発揮してくれる可能性だってあるわけです。

とはいっても、「ディープラーニングは、まだグーグルなどの先端企業の研究段階なんでしょ?」と思っている読者も多いことでしょう。本章では、ディープラーニングがどのようなジャンルで活用が期待されているのか、そして実際にどのようなサービスの中で私たち利用者に新しい使い勝手や利便性を提供しているのかを見ていきましょう。

結論から言ってしまうと、グーグルのサービスには、もうすでにディープラーニングを活用しているものが数多くあるのです。そう、あなたもディープラーニングの「効果」をすでに体感しているかもしれないのです。

■未来へ向けて、広がるディープラーニングの活用

ディープラーニングの成果を生活の中で体験できる端末が、実はアメリカではすでに発売されています。グーグルの音声認識、自然言語処理などの人工知能の機能をフル活用した端末が「Google Home」です。一体どこまで賢いのでしょうか。日本未発売の本端末を米シリコンバレー在住のフリージャーナリスト瀧口範子さんに体験して、評価を寄稿してもらいました。

話しかけて使う家庭のAIコンシェルジュ

Google Homeは2016年11月に出荷が始まった、いわば「家庭用AI機器」です。Google Homeに統合されている人工知能は、すでにGoogleの音声検索で使われている「OK, Google」と同様のもので、アップルのiPhoneならばSiriに相当します。

Google Homeは、普通の言葉で話しかけて家庭内でいろいろなことを行うのに利用できるハードウエア製品で、スマートフォンでできることに加えて家庭特有の便利な機能が盛り込まれているのが特徴といえます。グーグルは、Google Homeを発表した2016年5月に、個人ユーザー向けの人工知能機能を統合的に「Google アシスタント」と

名付けました。Ｇｏｏｇｌｅ Ｈｏｍｅに搭載された人工知能も、Ｇｏｏｇｌｅ アシスタントなのです。

　Ｇｏｏｇｌｅ Ｈｏｍｅの外見は小型の花瓶ほどのサイズで、現代風のシンプルなデザインに仕上がっています（**図3－1**）。下部のスピーカーをカバーする部分は7色もバリエーションが用意されていて、部屋のインテリアに合わせられるという趣向。これからは生活の一部になってほしいという、グーグルの希望が感じられるところでしょう。

　実は、Ｇｏｏｇｌｅ Ｈｏｍｅのような家庭用の人工知能機器では何より音声認識技術、そしてマイクロフォンとスピーカーが重要な役割を果たします。部屋のどこにいても話しかけることができ、明瞭な音で返答

図3－1　「Google Home」はリビングにもなじむシンプルなデザイン

が聞こえるハードウエア性能を備えることが、この手の機器では重要になります。こうした製品カテゴリーが「スマート・スピーカー」とも呼ばれるのはそのためで、Google Homeにもクリアな高音とリッチな重低音を可能にする高性能なHi-Fiスピーカーを内蔵しています。

それでは、Google Homeは実際にどう使うのでしょうか。グーグルは、Google Homeができることを次のように分類しています。

・日々の情報：今日の予定、天気、交通情報など
・分からないことを質問：辞書、検索、株価、スポーツ試合の結果、翻訳など
・お役立ち機能：目覚まし時計、タイマー、ショッピングリスト作成など
・エンターテインメント：音楽ストリーミング、ニュース速報、ラジオ、テレビストリーミングとコントロールなど
・スマートホームのコントロール：照明、サーモスタット、IFTTT (if this then thatという条件式に基づくWebサービス連携) など
・その他お楽しみ：ジョーク、ゲームなど

実際に利用するには、「OK, Google」と話しかけてから何をしたいかを告げます。

これが、Ｇｏｏｇｌｅアシスタントを目覚めさせる合図のようなものです。

例えば、「ＯＫ，Ｇｏｏｇｌｅ。今日の私の予定は何？」と尋ねると、「今日は予定が3つあります。9時からは～」という具合に返事をしてくれます（2016年12月時点で日本語には対応していません）。今日の予定の機能を利用する場合は、Ｇｏｏｇｌｅ Ｈｏｍｅの設定時にあらかじめ利用者のグーグルのアカウントをひも付けしておくことが必要です。それによって、Ｇｏｏｇｌｅ ＨｏｍｅがスケジュールをÂ把握するというわけです。

また、「ＯＫ，Ｇｏｏｇｌｅ。ニュースを教えて」と言うと、ＮＰＲという公共ラジオネットワークなどのニュース要約をストリーミングしてくれるので、朝忙しいときにはそれを聴きながら出かける準備ができて便利でしょう。

また、音楽のストリーミングならば、「ＯＫ，Ｇｏｏｇｌｅ。ボブ・ディランの曲をかけて」と言うと、「ボブ・ディランをプレイします」と答えて、すぐにスピーカーから曲が流れます。もちろん「ボブ・ディランの『風に吹かれて』をかけて」と曲名を指定することも可能です。曲の途中で「Ｓｔｏｐ」「Ｒｅｓｕｍｅ」「Ｎｅｘｔ」と言うと、一時停止したり再生したり、次の曲に進んだりと即座に対応します。

音楽がストリーミングされるのは、Ｇｏｏｇｌｅ Ｐｌａｙ ＭｕｓｉｃやＹｏｕＴｕｂｅ Ｍｕｓｉｃ、Ｓｐｏｔｉｆｙ、Ｐａｎｄｏｒａなどの連携サービスからです。購入申し込みが必要ならば、先にそのアカウントをＧｏｏｇｌｅ Ｈｏｍｅのアプリに登録しておきます。スマートフォンとテレビを連携させる機器「Ｃｈｒｏｍｅｃａｓｔ」が利用可能なアプリならば、スマートフォンのストリーミングをＧｏｏｇｌｅ Ｈｏｍｅのスピーカーを利用して聴くことも可能です。

音楽で面白いのは、家のいろいろな部屋で同じ音楽を聴けるようセットできることです。例えば、朝シャワーを浴びているときにバスルームのスピーカーから聴いていた音楽を、朝ご飯を食べるキッチンでも続けて聴くといったことができるのです。ただ、そのためにはＧｏｏｇｌｅ ＨｏｍｅのアプリでＣｈｒｏｍｅｃａｓｔ搭載のスピーカーなどを先に登録して、グループ分けしておきます。あとは、「『風に吹かれて』を○○グループのスピーカーでプレイして」とＧｏｏｇｌｅ Ｈｏｍｅに伝えるだけでいいのです。

音楽は、「お料理するのに合った音楽をかけて」とか、「エキササイズ向けの音楽をプレイして」などと言うと、それなりのセレクションを次々とかけてくれます。曲は、Ｇｏｏｇｌｅアシスタントのチョイスです。

人間相手のように話が通じる!?

今後、Ｇｏｏｇｌｅ Ｈｏｍｅのような機器がさらに有用になるのは、スマートホーム製品が行き渡ったときでしょう。例えば、「キッチンの照明を消して」とか「リビングルームの温度設定を2度上げて」とＧｏｏｇｌｅ Ｈｏｍｅに告げるだけで、わざわざ部屋に行かなくても用事が済むのは、何ともありがたいことです。

Ｇｏｏｇｌｅ Ｈｏｍｅの便利さは、自然言語認識機能のおかげで、ごく普通の言葉で伝えれば、その指示に合った結果を導いてくれる点です。同じ用事を済ませるのに、これまでならばコンピューターやスマートフォンを立ち上げて、いくつもクリックすることが必要でした。それがまるで人間相手のように話が通じるのです。アシスタントという名前がついた人工知能ですが、まるで家にコンシエルジュがいるようなものといえるでしょう。

ただし、Ｇｏｏｇｌｅ アシスタントはまだ学習中であることを忘れてはなりません。上述したのは理想型であって、実際にはそれほどスムーズにはいかないこともあります。

筆者が試してみたところ、例えば予定でつまずきました。「ＯＫ，Ｇｏｏｇｌｅ。あさっての予定を教えて」と尋ねてみたところ、Ｇｏｏｇｌｅカレンダーにはいくつか書き込まれたアイテムがあるのにその予定を教えてくれず、「予定は何も入っていません」という返答でした。また、「ＯＫ，Ｇｏｏｇｌｅ。次の旅行の予定を教えて」と言うと、行き先ではなく、飛行機の便を教えてくれました。間違いではないですが、筆者としては「○月○日から○日間、○○へ出張の予定です」などと答えてくれると期待していました。Ｇｏｏｇｌｅアシスタントは、

「旅行＝飛行機の予約」と理解しているようです。

ショッピングリスト作成でも興味深いことがありました。「ＯＫ，Ｇｏｏｇｌｅ。ショッピングリストを作って」と語りかけると、「何をショッピングリストに加えますか」と返答したのです。小さなことですが、ここにはちょっとした会話が成立しています。「ミルク、ヨーグルト、オレンジ……」などと伝えて、後で中身を再度尋ねることもできます。

ところが、改めて「ＯＫ，Ｇｏｏｇｌｅ。ショッピングリストにもっと（ｍｏｒｅ）加えたいのだけれど」と言うと、「ショッピングリストにｍｏｒｅを加えました」と返答して終わってしまいました。「ｍｏｒｅ」とは買い物できる食品と理解したようです。後で聞き直すと、「ショッピングリストにあるのは、オレンジ，ほうれんそう、ｍｏｒｅ、クラッカー……」となっていました。

翻訳にも、学習途上のけなげさが見られます。「ＯＫ，Ｇｏｏｇｌｅ。『I took a train from Palo Alto to San Francisco yesterday.』を日本語に訳して」と言うと、「私はパロアルトから列車をサンフランシスコまで昨日取りました」と返してくれました。あともう一歩、といったところ。しかし、意味を理解するには十分なレベルであるのは驚きです。現在のところは、日本語から英語への翻訳はできません。頼んでみたら、「I don't know how to help with that. I'm still learning.」という返事でした。

それにしても、お役に立てないですと断って「まだ勉強中なもので」と付け加えるところは、Ｇｏｏｇｌｅアシスタントのキャラクター付けとしては、なかなか賢明な方法といえないでしょうか。つっけんどんに「わかりません」と言われるよりも、「仕方がないなあ」と許す気にもなろうというものです。

人工知能のキャラクターがどうあるべきかについては、実は各社がかなり知恵を絞っているところです。声の質、話し方、スピード、解決できないときのせりふ、ジョークの種類などで、その人工知能の人となりのようなものが定着するからです。

ところで、Ｇｏｏｇｌｅアシスタントを呼び出す合言葉は、「ＯＫ，Ｇｏｏｇｌｅ」の他に「Ｈｅｙ，Ｇｏｏｇｌｅ」も使えます。ところが、まちがって「Ｈｉ，Ｇｏｏｇｌｅ」と言ってしまったところ、返事もしてくれませんでした。

さて、こうした家庭用の人工知能機器ですが、Ｇｏｏｇｌｅ Ｈｏｍｅが初めての製品ではありません。先行していたのは米アマゾン・ドット・コムの「Ａｍａｚｏｎ Ｅｃｈｏ」で、すでに２０１４年11月に招待制で販売が開始されています（**図３－２**）。正式リリースは２０１５年６月。静かに話題を呼び、Ａｍａｚｏｎのサイトでは４万７０００件近い（２０１６年12月現在）レビューが掲載され、評価も５つ中４・５星とかなり高いものとなっています。

Ａｍａｚｏｎ Ｅｃｈｏは発売以来次々と機能性を付け足しており、その数は８００以上にも上ります。スマートフォンと同様、インターネット経由でどんどんアップデートされていくため、ある日突然新しいことができるようになっているのです。今のところ、スマートフォンのようにモデルが陳腐化することもなく、長く使える家庭用機器となるはずです。

これは、Google Homeでも同様でしょう。現時点では、Amazon Echoに比べて連携するサービスの数などが限られていますが、そのうちどんどん充実し、またGoogle アシスタントも賢くなりユーザー個人の好みも学んでいくでしょう。そうなると、使いやすさはどんどん増します。2016年12月には、「Google フォト」にも対応しました。

記事執筆時点ではまだローンチから間もな

図3－2　Amazon Echo（右）とGoogle Home

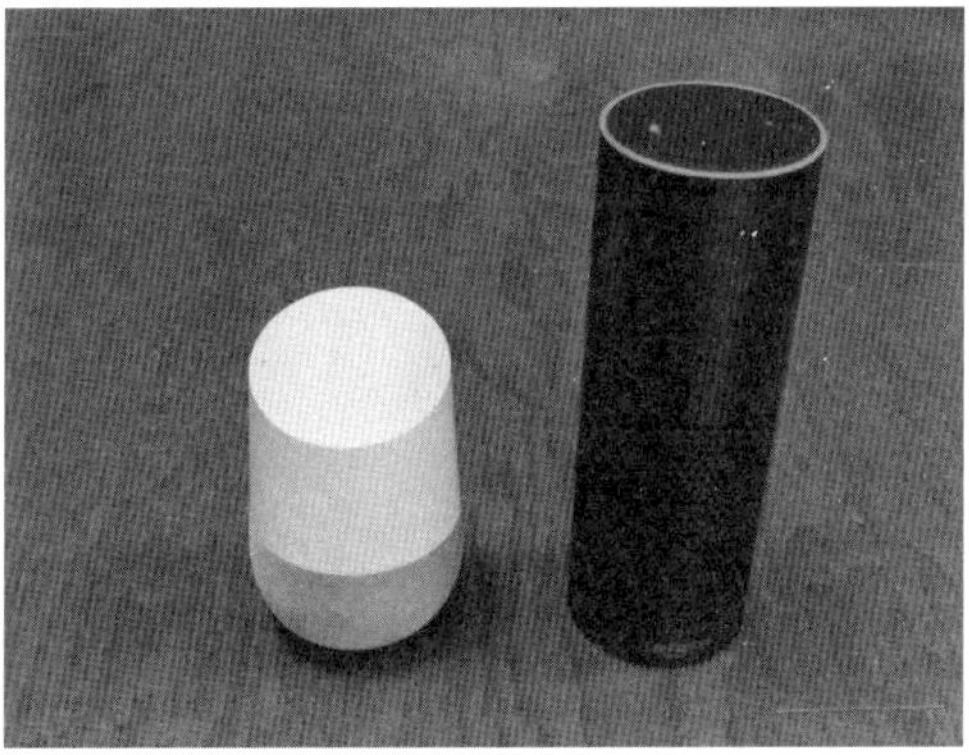

いため、売れ行きは不明ですが、Google Homeの米国での受けは概ね良く、YouTube Musicのタイトルの豊富さや、先に行った会話を踏まえて次の問いに答えるといった、文脈の理解度が評価されています。

いずれにしても、話しかけることで機能してくれる機器は、一度使うとその気軽さや便利さにすぐに慣れっこになります。スマートフォンやタブレットが便利とはいっても、家庭用人工知能機器に比べるとストレスだったと痛感することになるでしょう。Google Homeも、これからどんどん続くこの製品カテゴリーの、ほんの先陣でしかないのです。

■自動運転を支えるディープラーニング

さて、グーグルの先端技術の1つとして有名なのが、自動運転の研究開発でしょう。自動運転にも、人工知能の成果が活用されています。米国の公道では、24台のレクサス、34台のプロトタイプビークルによって、走行実験が重ねられています。2016年10月時点ですでに、自動モードで200万マイル（約320万キロメートル）以上の走行が行われています。

グーグルの自動運転車の開発には、ディープラーニングの技術が欠かせません。実際の公道の走行をするテスト車の走行までには、グーグルはディープラーニングを活用して公道走行のシミュレーションを繰り返しています。コンピューター上のシミュレーションで適切な動きができるようにして、実際の自動車に実装し、安全性を確認してから公道のテストを行っているのです。

２０１６年10月の月次レポートでは、狭い道における転回をどのように自動運転車が成功させるかの話題が掲載されています。道幅やカーブの具合を測り、駐車車両を避けて、最も少ない切り返し回数で自動運転車にＵターンを実現させる試みです。速度はもちろん、乗員に自然に感じさせる切り返しが必要で、ディープラーニングを活用することで適切なＵターンができるようになったといいます。

自動運転については２０１６年12月に、専門の会社「Ｗａｙｍｏ」がグーグルの親会社であるアルファベットの子会社として設立されました。グーグルの兄弟会社になるわけです。車名の由来は「a new WAY forward in Mobility＝移動のための新しい方法」だそう。同月にはホンダが、本田技術研究所がＷａｙｍｏと自動運転技術領域の共同研究に向けた検討を開始したと発表しました。両社の技術チームは、Ｗａｙｍｏの自動運転技術であるセンサーやソフトウエア、車載コンピューターなどをホンダの車両へ搭載し、共同で米国での公道実証実験に使用していくといいます。技術の実用化へ向けて、加速していきそうです。

ディープラーニングでデータセンターを劇的に省エネ化

1章でも少し紹介しましたが、グーグルでは、ディープラーニングの技術をデータセンターの省エネに活用するという取り組みにも成功しています。ディープラーニングと省エネというと、少し関係が遠いように感じますが、ディープラーニングの応用範囲の広さを感じられる事例です。

データセンターの省エネも、アルファ碁などと同様に、ディープマインドのディープラーニング技術を活用したものです。データセンターでは、設備が稼働している状態や、外部の気候などに応じて冷却設備の設定を最適化できれば、冷却設備の消費電力を少なくすることができます。この最適化にディープラーニングを用いたのです。

具体的にはデータセンター内に数千におよぶセンサーを取り付け、温度、電源、ポンプ速度、各種の設定といった情報を収集します。これらのデータと、データセンターの消費電力および電力使用効率（PUE）の間にある関係をニューラルネットワークに学習させました。

ニューラルネットワークは、こうした学習からデータセンターの内部や外部の環境に応じて、どのように冷却設備を運用すると最も電力使用効率を高められるかのシナリオを作ります。さらに、データセンターの周囲の温度と気圧のデータを学習することで、1時間後の温度と湿度のデータを予測し、その予測を基にしたシナリオで冷却設備を運用するようにしました。

その結果は明白で、ディープラーニングを活用した運用により、冷却設備の電力消費量は40％も減りました。データセンター全体の電力使用効率を示すPUEでも、15％の削減に相当します（**図3－3**）。1章で「AIファースト」について説明してくれたグーグルのマイルズ・ワードさんは、「データセンターでは、各企業ともに消費電力の削減に取り組んでいます。しかし、実際には数％でも省エネが達成できれば、大きな成果といわれる状況です。こうした中で、ディープラーニングを活用することで数十％という大きな消費電力の削減につなげることができました。電力のグリーン化を進めるグーグルにとって、これは非常に大きな成果です」と語ります。

図3－3　ディープラーニングによる電力削減状況を示す英ディープマインドのWebサイト

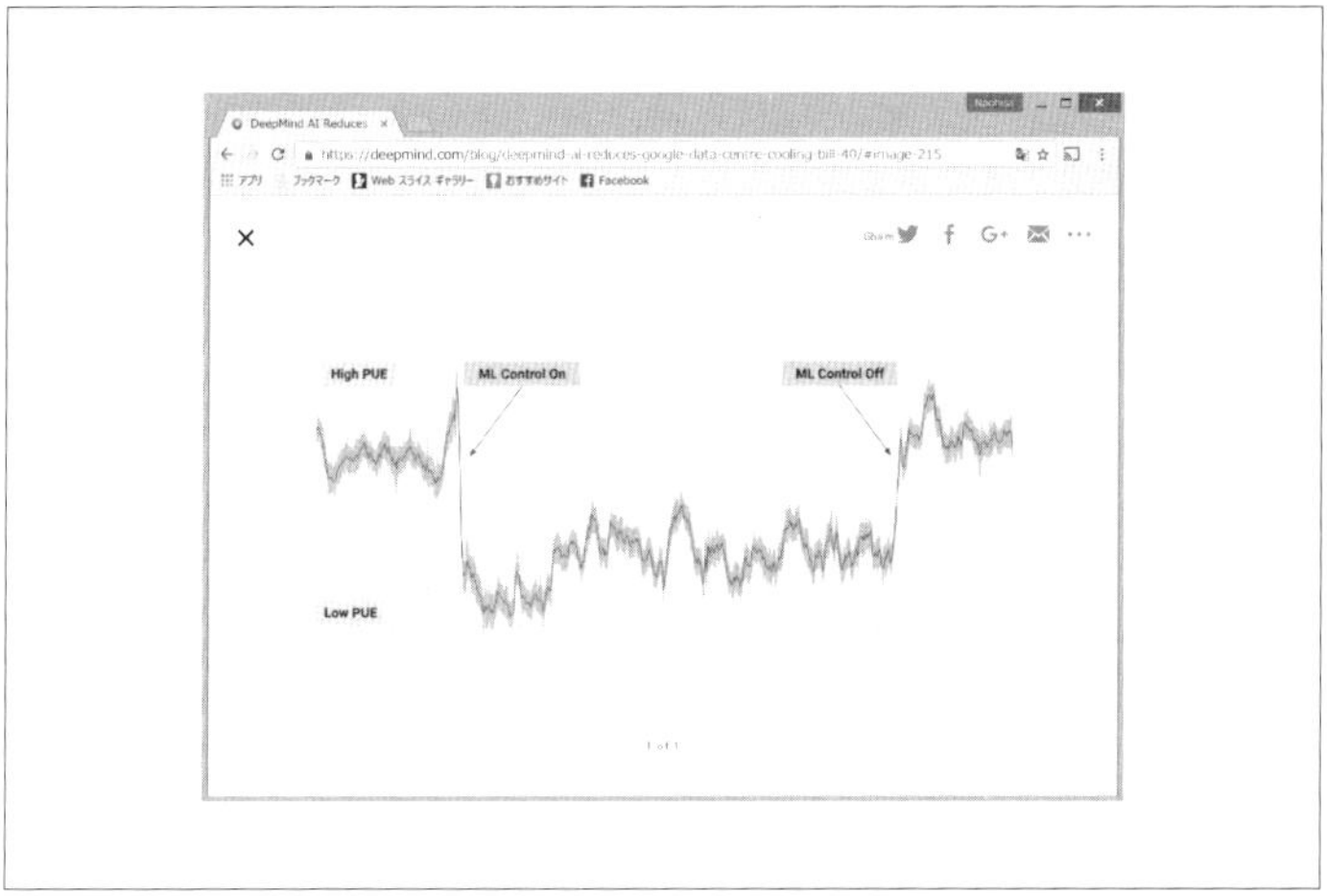

このように、グーグルでは、最先端の技術である人工知能によるアシスタントや自動運転車の開発、ビジネスを支えるデータセンターの日々の運用の効率化といった、将来を見据えた部分にディープラーニングの技術を適用しています。とはいえ、このような壮大な話だけでは、「グーグルのような巨大企業にしか活用できない技術なのでは?」と思われてしまいそうです。そんなことはありません。もっと身近なところでも、グーグルではディープラーニングの技術が使われているのです。ここからは、グーグルでのディープラーニングの身近な利用法について見ていきましょう。

人間の目を超える、ものを見分ける画像認識

ディープラーニングの利用が進んでいる分野の1つに、画像認識があります。画像認識とは、簡単にいえばカメラで撮影した画像などから、映っている画像の内容を答える機能です。写っているものが人なのか犬なのか、猫なのかを分類したり、画像の中に何人の人がいるかを数えたり、画像の中の文字の部分を検出して読み取ったり――と、さまざまな使い方が考えられます。人間の顔であれば、同じ人が映っている写真をピックアップすることもできますし、笑顔か不機嫌な顔かといった感情を読み取ることにも利用できます。

画像認識は、これまではパターン認識という手法を使うことが多くありました。それは、人

間の顔、犬の顔、猫の顔といったパターンを用意して、それにどれだけ類似しているかを評価して認識するというものです。でも、少し考えてみてください。同じ「人間の顔」といっても、写真を撮ったときに正面から写るだけでなく、横顔のとき、下や上から撮影したとき、前の人に隠れて一部しか写っていないときなど、さまざまなパターンがあります。これらのパターンをすべて用意して、パターン認識をするのは非常に難しいものです。

ディープラーニングでは、人間の顔の画像データを大量に学習させることで、さまざまな状態の画像データから人間の顔を見分けられるようになります。人間と犬や猫との区別でも同様です。人間がパターンを用意するのではなく、コンピューターが大量の画像データを教師データとして学習し、人間や犬、猫を見分けられるようになるのです。実際にグーグルでは、ディープラーニングを使った画像認識の機能を、すでに活用しているのです。

写真を自動で分類する「Ｇｏｏｇｌｅフォト」

画像や動画を保存できるオンラインストレージ「Ｇｏｏｇｌｅフォト」は、すでに多くの人が利用しているでしょう。静止画の場合、一定の解像度以下で保存するのであれば、無料で枚数無制限の保存ができます。この特徴もあり、魅力のあるサービスとしてパソコン用サービスやスマートフォンアプリとして受け入れられています。

写真を大量に保存した場合に、1つ困ることがあります。それが写真の検索です。数千枚、数万枚といった量の写真が保存してある中から、見たい写真を探すのは大変なことです。撮影した日付で探すか、これまでの方法では保存するときに何の写真だったかを「タグ」などに自分で記録しておいて検索する必要がありました。写真を検索するときには、撮影した日付やタグなど画像ではないデータを付加して検索していたのです。

ところが、Googleフォトでは、ディープラーニングの力を借りて、写真を自動的に分類することができるようになりました。写真を保存したGoogleフォトで検索の画面を開いて見てください。す

図3−4　「Googleフォト」では写真をあらかじめ分類しなくても、例えば「Christmas」と検索すれば関連する画像を一覧にできます

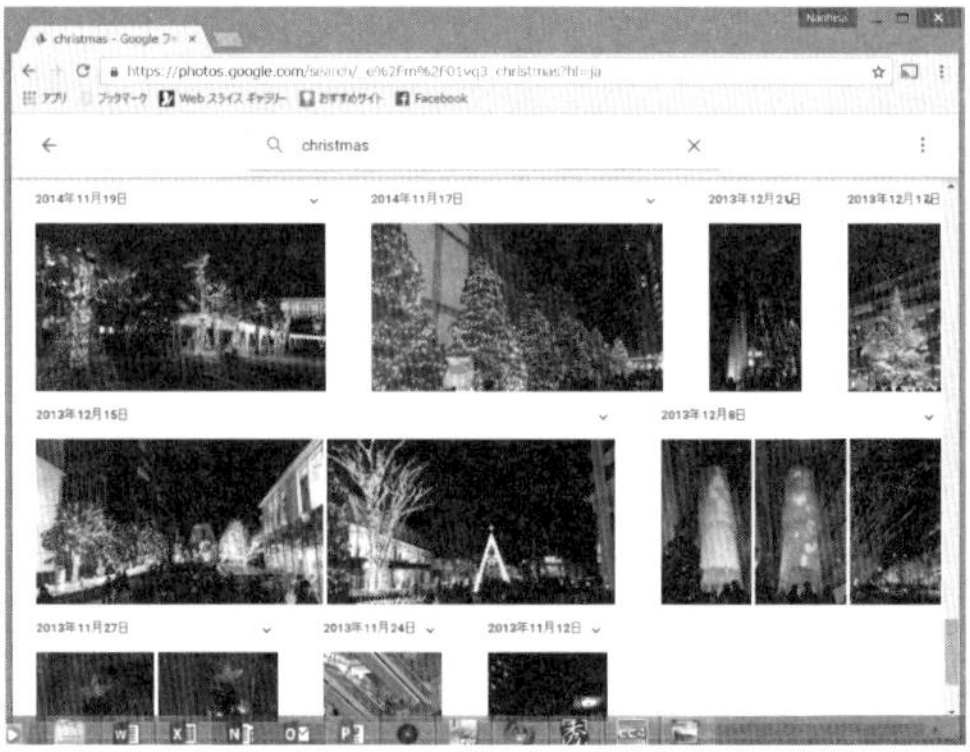

ると、そこには自分の家族などの顔のアイコンが表示されています。自分の顔、子どもの顔などのアイコンを選べば、自分や子どもが写った写真だけが分類されていることがわかります。自分でタグを付けることなく、Ｇｏｏｇｌｅフォトが自動的に顔を検出して、分類してくれるのです。

Ｇｏｏｇｌｅフォトの自動分類は、顔に限ったことではありません。写真に写った画像情報から場所が特定できる場合は、分類候補として場所も示してくれます。クリスマス、誕生日などのイベントも分類してくれます（**図3-4**）。画像という、これまでは検索が難しかったデータであっても、ディープラーニングの力を借りることで「検索対象」にしてしまうところが、グーグルらしいところです。

お絵描きを人工知能が評価する「Ｑｕｉｃｋ，Ｄｒａｗ！」

ディープラーニングを使った画像認識では、研究成果として面白いアプリケーションが出来上がっています。グーグルでは人工知能の研究成果を体験できるＷｅｂサイト「A.I. Experiments」で、そうした新作アプリケーションを公開しています。実際にどのように役立つかは未知数ながらも、興味深かったり面白いと感じられたりするような研究成果が並んでいるのです。外部の研究者からも研究成果を募っています。

そこに加わった「Ｑｕｉｃｋ，Ｄｒａｗ！」は、画像認識技術を使ってコンピューターが人間の描いた絵を「当てる」というアプリケーションです。

Ｑｕｉｃｋ，Ｄｒａｗ！では、まずコンピューターの側からお題が提示されます。お題は20秒以内に「クマ」を描けだったり、「トイレ」であったり、「自転車」であったりするのですが、私たち人間はそのお題に従ってタッチパネルなどを使って絵を描きます（サービスは英語で提供）。すると、コンピューターは画像認識をしながら、いろいろと回答候補を

図3−5 Quick, Draw!は人工知能が出すお題（Umbrella（傘））に人が手書きでイラストを描いて、人工知能に正しく当ててもらうゲームです

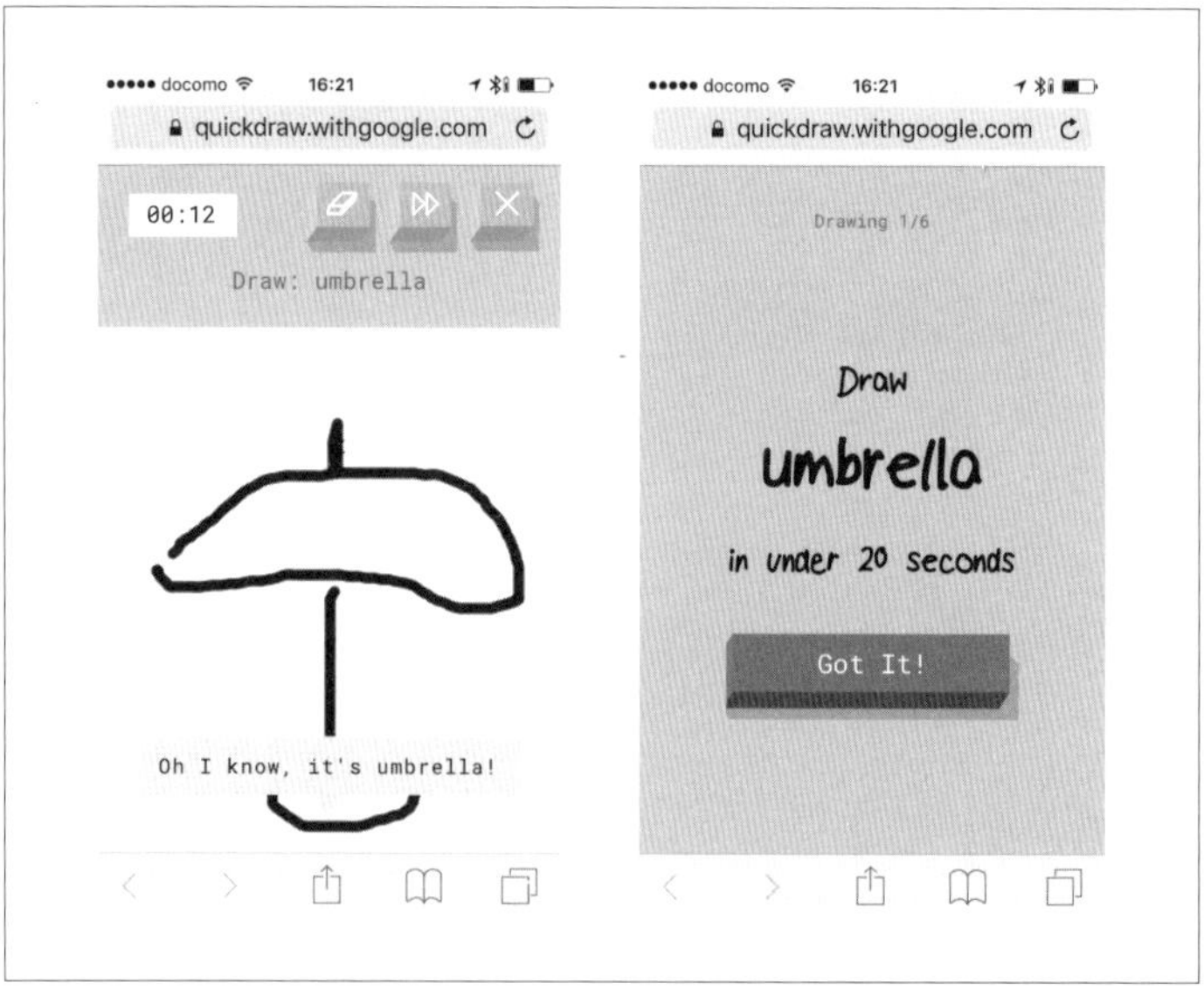

挙げていきます。絵を描き進めるにしたがって、「四角が見える」「スーツケースか？」なんて具合です。指定された時間までにコンピューターがお題を当てられれば、ゲームは成功です（図3-5）。

写真のようなきちんとした画像データではなく、人間が手描きしていく線画であっても、ディープラーニングの力を借りることでコンピューターは画像認識をすることができるのです。実際に試してみるとその能力に驚くよりも、コンピューターに当てられない絵を描いてしまった自分の絵心のなさに落胆することになるかもしれませんけれど。

お子さんに人工知能の能力の一端を、わかりやすく教えてあげたいときにお薦めしたいアプリケーションです。

コンピューターも夢を見られるか？「ディープドリーム」の実験

機械学習による画像認識の機能を研究開発する中で、グーグルが発表したニューラルネットワークの1つに「ディープドリーム（Deep Dream）」があります。

通常の画像認識であれば、画像を入力し、それを認識して例えば「猫」であったり、「犬」であったりという答えを得るわけです。ところがディープドリームでは、もう少し実験的な挑戦を行っています。ニューラルネットワークが、とある画像を認識して、ある部分に「猫」や

「犬」などといった画像が見えてきたら、その情報を入力側にフィードバックしているのです。すると、何もなかった元の画像に不思議な模様や、動物の顔のようなものが現れてきたりします。

ディープドリームでは、入力した画像を基にしながら、新しい画像が生成されていくわけです。ただし、生成される画像は、どちらかといえば夢の世界のような、不思議な危うさを持った画像です。芸術といえるのか、うなされるような悪夢の情景を再現したように見えるのかは、見る人の気持ち次第かもしれません。これは、ニューラルネットワークのそれぞれの層で、どのように特徴が解釈されているかを画像として抽出したものです。ニューラルネットワークが考える途中の、人間で言えば脳の中をのぞいているような状況とも言えます。ディープドリームで取り出した画像を見ると、創作中の芸術家のヒラメキの瞬間をのぞいた気持ちになってきそうです。

優れたアートや音楽を生み出す「マジェンタ」

そうした芸術面での可能性をより感じさせるのが、グーグルのプロジェクト「マジェンタ（Ｍａｇｅｎｔａ）」でしょう。マジェンタは、機械学習をテーマにリサーチを行う「Ｇｏｏｇｌｅ Ｂｒａｉｎ」から生まれたプロジェクトで、ディープラーニングによってアートや音楽を生み出すことができるかどうかを検証するものです。

実際に、マジェンタではツールやモデルをオープンソースとして公開しています。マジェンタの公開直後に発表したブログ記事では、ディープラーニングで音楽や芸術の創造ができるような方法を学習する研究を紹介しています。マジェンタプロジェクトでは、ディープラーニングによって作った約90秒のピアノの旋律を公開しています。これが、マジェンタによって作られた最初の芸術作品ということになります。

ちなみに日本ではこうした動向を踏まえて、内閣府知的財産戦略本部で、人工知能による創作物の著作権について議論が進められました。その中では、現行の法制度では、人間が人工知能を道具として活用して制作した作品には著作権がある一方、人工知能が自律的に生成した場合は著作権は発生しないという見方があるということ。すると、自律的に作られた作品でも人が手を加えたと主張する作品が出てきて、その場合は見分けることができないのではないか、という指摘がありました。現在は、学習済みモデルや学習用データセットの権利についても議論が深められています。ディープラーニングは、国の法律も変えようとしているのです。

動画像の認識も！「読唇術で人間の専門家に勝つ」

ここまで、静止画像の認識や分析の話題が多かったのですが、動画ではディープラーニングによる画像認識や分析はどうなのでしょうか。GCPのエバンジェリストの佐藤一憲さんによれば、「動画や音声のような時系列データは、静止画やテキストといったデータに比べると扱いが難しくなります」とのこと。もう少し、実際の活用には時間がかかるのかもしれません。

そうした中で、ディープマインドは動画でも優れた成果を挙げることに成功しています。それが「読唇術」です。読唇術とは、人が話をするときの唇の動きを読み取って、何を話しているかを認識する技です。これを、ディープラーニングに実行させたのです。

ディープマインドでは、英国のBBC放送のテレビ番組から複数の番組シリーズの合計約5000時間の動画をディープラーニングの学習に使いました。それによって学習したコンピューターは、200本のビデオのテストセットにおいて唇の動きだけから約50%の単語を読み取ることができました。一方、比較した人間には厳しい結果でした。法廷などで10年以上の経験を持つ読唇術の専門家であっても、同じテストセットからは4分の1程度の単語しか読み取ることができなかったのです。

まだ発展途上の技術でしょうが、ディープラーニングで動画を認識するという利用法でも、一部の使い方では人間の専門家を上回る成果を得られることがわかってきました。これから、より一層の動画像認識への適用が進んでいきそうです。

■文章を理解するテキスト分析

テキスト（文章）の認識も、コンピューターにとってはこれまで容易なことではありませんでした。文字が並んでいる中から、単語の切れ目を見つけて、単語ごとの品詞を分析し、単語が連なった文章の構造を理解して、意味を認識するわけです。こうしたテキスト分析（自然言語処理といわれます）の分野でも、機械学習やディープラーニングは有効に活用できるようになってきています。

1章で機械学習の基礎を教えてくれたグーグルの賀沢秀人さんは、こう言います。

「日本語のテキストを考えてみましょう。日本語は単語の間にスペースを入れたりしない言語なので、区切りを見つけることすら難しいのです。『東京都』というテキストを、『東京＋都』と読むか、『東＋京都』と読むかで、全く意味が違ってしまいますよね。昔のコンピューターでは、こうした単語の切れ目のルールを人間が一生懸命に記述しました。しかし、手に負えないのは目に見えています。大量の教師データから自動的に学んでくれる機械学習やディープラーニングが、テキスト分析の分野では有効なのです」

機械学習やディープラーニングで、テキストの区切りを学ぶためには、多くの実際のテキストを教師データとして用意します。そして、単語の区切りがある「分かち書き」した答えのデータを教師データとセットで作ります。これを学習させることで、日本語の単語の区切り方を、コンピューターが覚えていくわけです。

品詞や構文の分析も同様で、教師データと答えのセットを用意して、学習していきます。人間がルールを決めてプログラムするよりも、多くのケースに対応できるテキスト分析の機能を、効率よく作り上げることができるのです。

グーグルではディープラーニングによるテキスト分析の成果を、検索ランキングを算出するアルゴリズム「RankBrain」で活用しています。ディープラーニングを使ったアルゴリズムは、検索アルゴリズムの中の1つの指標（シグナル）としてすでに使われていて、「過去2年の検索アルゴリズムの品質改善の中でも、最も大きな効果を挙げています」（GCPの佐藤一憲さん）というほどです。テキスト分析は、このほかにどのような使われ方をしているのか、少し活用事例を見ていきましょう。

自動で返信メールの候補文を作る「Inbox」

読者のみなさんの多くが使ったことがあるグーグルのサービスの1つに、Gmailがあるでしょう。便利なメールサービスなのですが、Gmailに届く大量のメールから必要なメールを見つけ出すことができずにストレスがたまってしまうこともあります。そんなGmailの内容を自動的に分類してくれるアプリケーションが「Inbox」です。メールを開かなくても内容が確認できる「ハイライト」、類似したメールをまとめて処理できる「カテゴリ」などの機能が、メール利用時のストレスから解放してくれるのです。

そのＩｎｂｏｘに「スマートリプライ」という自動返信機能があります。これは、Ｉｎｂｏｘに届いたメールを閲覧すると、その下に返信の候補となる複数の文がＩｎｂｏｘから提案されるというものです。「はい、それで大丈夫です」などといった簡単な文章ではありますが、文章を考えることなくメールへの返信ができてしまうという優れものです。特に文字入力が面倒なモバイル環境で、急いで返信したいときには便利に感じる機能でしょう（**図３－６**）。

この自動返信には、ディープラーニングによるテキスト分析が使われていて、送られたメールの

図3−6　スマートリプライ機能は、メールの返信文面候補が自動的に表示されるため、文字入力が面倒なスマートフォン環境などで特に役立ちます

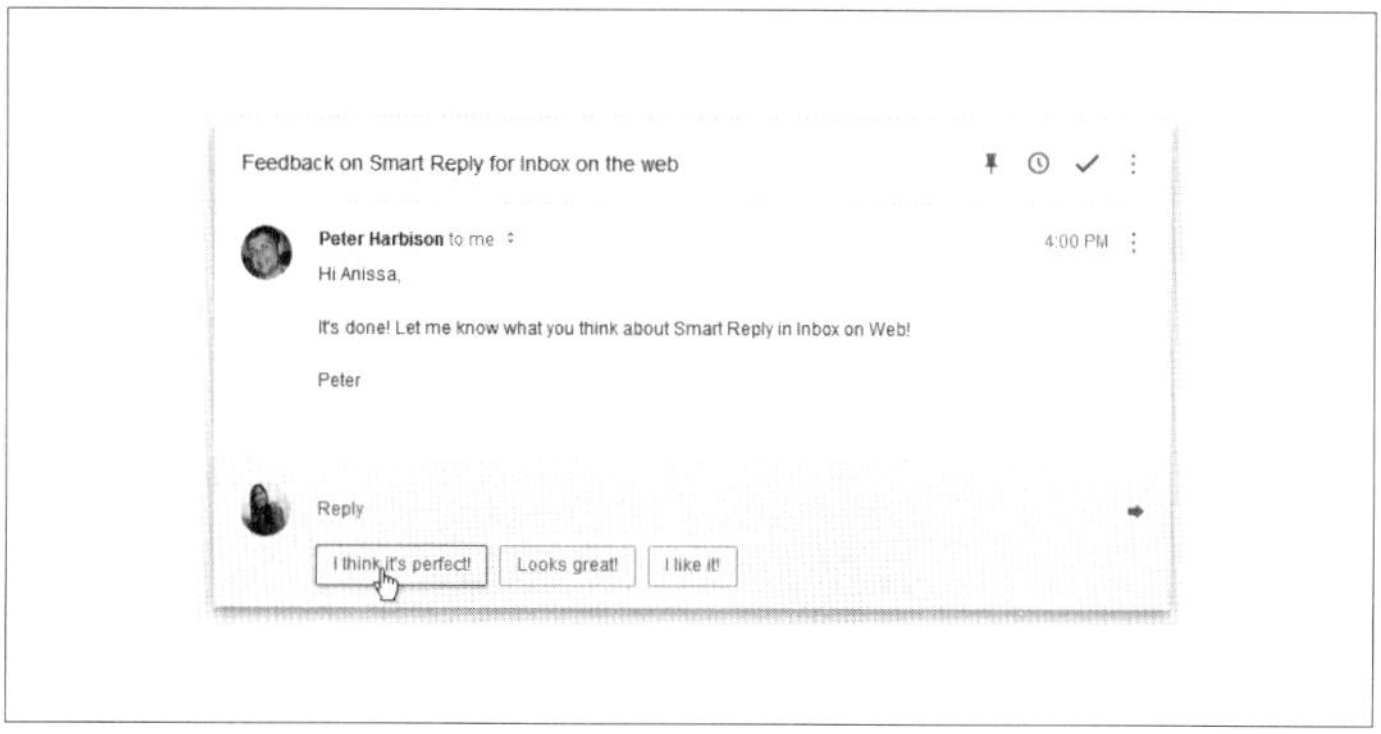

内容を分析して適切な返信の候補を表示するようになっています。

日本語ではスマートリプライの機能がまだ使えないのが残念ですが、英語版などでは2016年2月時点ですでにInboxのモバイルアプリのユーザーの10%がスマートリプライで返信をしているとグーグルではアナウンスしています。日本語への対応ができたら、日本でも利用する人が多くなりそうですね。

迷惑メールフィルタの精度も格段に向上

Gmailでは、迷惑メールや不審なメールを自動的に判断して、迷惑メールを専用のフォルダへ振り分けます。Gmailを利用していて、「最近は迷惑メールをあまり目にしないな」と感じるようであれば、グーグルが提供する迷惑メールフィルタの恩恵を被っている可能性は高いのです。この迷惑メールフィルタリングは、機械学習の初期からのビジネス応用事例として知られています。

迷惑メールを判断する基準は数多くあります。Gmailでは、「メールアドレスのなりすまし」「フィッシング詐欺」「未確認な送信者からのメール」「内容が空のメール」などの基準に合致したメールを、迷惑メールと判断して迷惑メールフォルダに格納しているのです。迷惑メールかどうかを判断する部分にも、ディープラーニングによるテキスト分析の機能が活用されています。Ｇｍａｉｌに届く膨大なメールを教師データとして、迷惑メールであるかどうかを分析することで、より的確な迷惑メールフィルタが実現できているのです。

グーグルの製品開発本部長である徳生裕人さんは、「迷惑メールフィルタは、これまで人間が介在してきました。これをニューラルネットワークで機械学習させるようにしたところ、過去1～2年で、スパムメールの99・9％以上を捉えられるようになってきました。これはＧｍａｉｌを使っている方に実感してもらえているのではないでしょうか。一方で、きちんとしたメールがスパムに振られる確率も、０・05％以下へと非常に低くなっています」と、その効果を紹介してくれました。

企業の情報検索をスムーズにする「グーグルスプリングボード」

ディープラーニングを使ったテキスト分析を企業向けに適用するサービスも登場しています。「グーグルスプリングボード」というサービスで、２０１６年6月に発表されました。企業向けに提供するオフィスアプリのツール群「グーグルアップス」に登録された情報を横断的に効率的に見つけるためのアプリです。「Ｇｍａｉｌ」「カレンダー」「ドックス」「ドライブ」「コンタクト」などに登録された情報が対象で、人工知能を使った統一的な検索インターフェースで表示するものです。

グーグルによれば、「平均的な知的労働者は、1週間に1日に相当する時間を情報の検索と収集に費やしている」という調査結果があります。こうした時間の短縮と、情報の効率的な利用が目的です。グーグルスプリングボードでは、情報を探すための時間を短縮できる検索インターフェースを提供するほか、実用的な情報やお薦めの情報をプッシュ型で提供し、企業で働く人たちの時間を有効に活用できるように支援するとのことです。

■話しかけるだけでコンピューターと意思疎通をする「音声認識」

コンピューターやロボットと人間を取り持つインターフェースとして、古くからSFなどで描かれてきたのが「音声による対話」でした。人間が話しかけた言葉をコンピューターが理解して、必要な作業をしてくれるというものです。少し前までならば本当にSF的な世界だと思っていたこうしたコンピューターとの対話ですが、すでに私たちの周りにはこうした対話をしてくれるアプリケーションがあります。グーグルのスマートフォンで利用できる「OK，Google」で始まる音声検索や音声操作、アップルのiPhoneなどでは「Siri」がそれに当たります。

スマートフォンに向かって、「○○駅から△△行きの電車は?」「今日の東京の天気は?」などと話しかければ、合成音声で返事をしてきたり必要な情報が掲載されたWebページが表示されたりします。もうすでに、私たち自身がSFの世界に住んでいるようなものです。こうした音声検索や音声操作を支えているのが、音声認識です。マイクから取り込んだ音声のデータをコンピューターで処理することで、テキストに変換し、意味を理解するわけです。先に紹介した「Ｇｏｏｇｌｅ Ｈｏｍｅ」も、こうした音声認識技術を活用した製品です。

音声認識も古くから音響学的な分析をしてモデルを検討するなどして研究開発が続けられてきた分野ですが、なかなか本当の意味での実用化は進みませんでした。話す人の影響を受けないこと、自由に話した内容を認識すること、といった課題が克服できなかったのです。

ここでも機械学習やディープラーニングが活躍します。人間が話したさまざまな音声の教師データと、それが実際にテキストにしたときにどのような文字列になるかといった答えを用意して、機械学習させればよいのです。多くの人が話した音声と、答えのテキストとの相関を学習することで、話す人に影響を受けず自由な音声を認識できるようになりました。

グーグルの賀沢さんは、「『しぶや』という音のつながりが入力されたら、『渋谷』と認識することが、ディープラーニングによりこれまでよりも高精度に実現できるようになりました」と言います。雑音と音声の聞き分け精度の向上もあり、ディープラーニングは音声認識の精度を高めることに貢献しているのです。

会話しながら人間をサポートする「Ｇｏｏｇｌｅ アシスタント」

ディープラーニングの発展もあり、話した音声をテキストに変換する音声認識の精度が高まりました。しかし、話した言葉がスマートフォンの画面上に表示される機能では、用途は限られます。耳の不自由な人との会話補助にはとても便利でしょうが、私たちが求めるのはその先の使い道でしょう。音声認識の機能と、人工知能によって私たちの質問や発言から文脈（コンテキスト）を読み取る機能を組み合わせることで、少し前にＳＦ的と言ったコンピューターとの対話が可能になります。話しかけるだけで、何を目的としているかを理解して、必要な返答や動作をしてくれるのです。

グーグルは、そうした人間のアシスタントになるサービスの提供を始めています。「Ｇｏｏｇｌｅ アシスタント」と呼ぶもので、２０１６年の１つのサービスの目玉ともいえるでしょう。音声認識した結果のテキストからコンテキスト（文脈）を読み取り、グーグルにひも付けられた個人のスケジュールや連絡先、位置情報、検索履歴などを人工知能で分析し、その次の動作を判断してくれるのです。「温泉に行きたいなあ」とつぶやいたら、週末の近隣の温泉地の宿泊情報から旅館をリコメンドし、レビューを表示したり、宿と交通機関の予約を行ったりというようなサービスが受けられるようになるかもしれません。

日本でも２０１６年12月にＧｏｏｇｌｅアシスタントの日本語版の提供が始まっています。

最初に利用できるのはメッセージングアプリ「Ａｌｌｏ（アロ）」の上でのこと（図３－７）。ＡｌｌｏのＧｏｏｇｌｅアシスタントでは、チャットを使って友人と話す合間に、映画の上映時間やフライトの状況などの情報を調べるといったかたちで、会話のサポートをしてもらうことができます。

図3－7　Googleアシスタントはメッセンジャーアプリ「Allo」内から日本語対応が始まりました

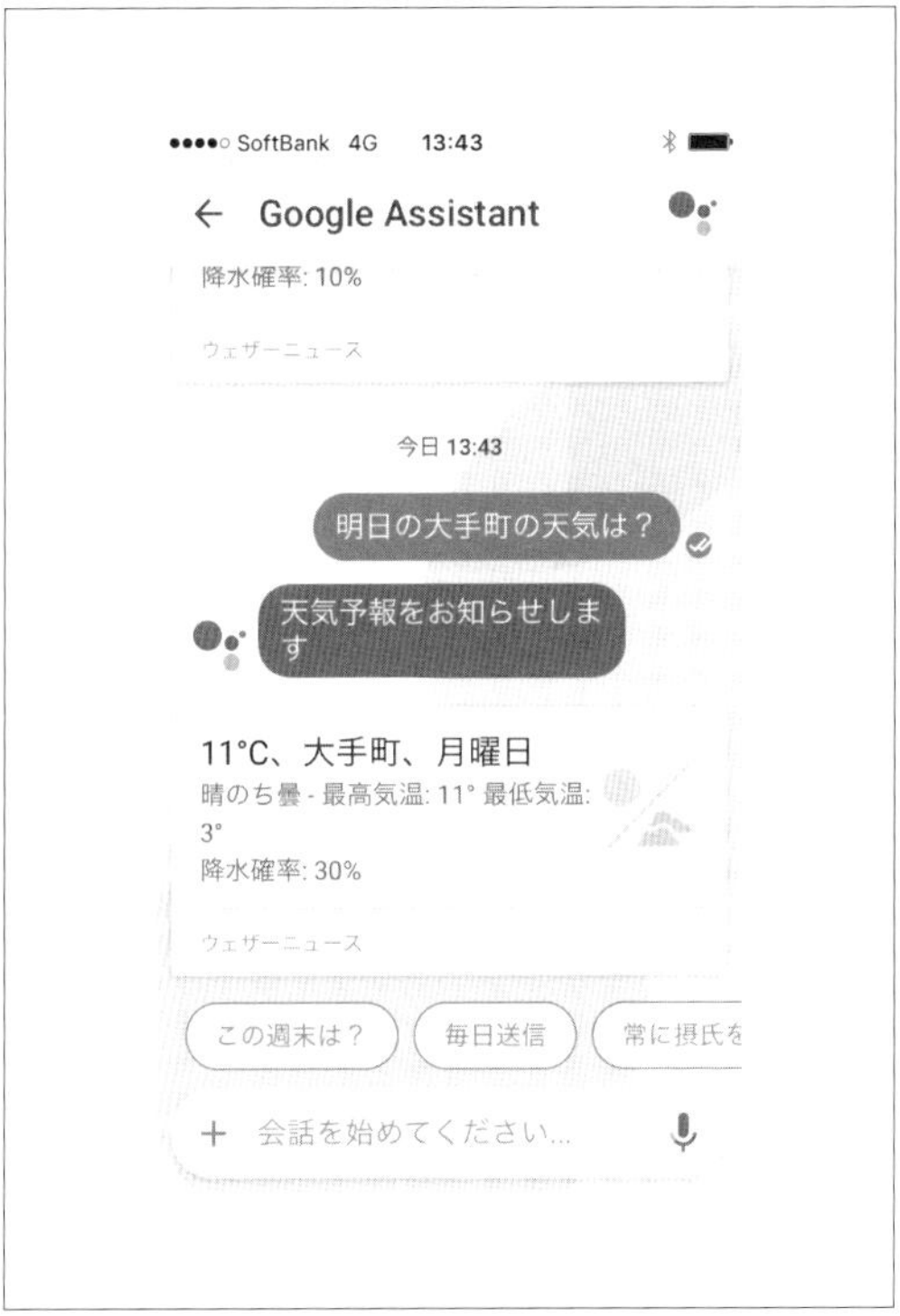

アシスタントが情報を表示すると、その下には親指を立てた「サムアップ」、下にした「サムダウン」のアイコンが表示されます。ここで表示した情報に対する評価をユーザーから得て、Googleアシスタントは賢くなっていくと推測されます。

チャットの画面で文字による入力もできますが、より未来的に使うならば音声で話しかけてみるといいでしょう。

合成音声もピアノの曲も作成できる「WaveNet」

ディープラーニングの手法を使って、音のデータを取り扱う研究は、さまざまな方面に広がっています。その1つが、ディープマインドが開発した「WaveNet」です。

WaveNetでは、音声のデータをそのまま入力としてディープラーニングで学習させます。ディープラーニングの出力として得られた音声データと、お手本となる入力の音声データを比較しながらトレーニングすることで、自然な合成音声を得られます。GCPの佐藤一憲さんは「WaveNetでは、英語や中国語の音声合成を行い、これまでの音声合成技術よりも自然な音声が得られています」と言います。合成音声というと、どこか不自然な響きに違和感を持つことが多いですが、WaveNetではなめらかで自然な発音を聴くことができます。男性から女性へなどと、声の種類も変えられるということなので、今後の応用範囲は広くなりそうです。

そのWaveNetに、音楽を覚えさせたらどうなるかという実験もディープマインドでは行っています。音楽も言葉と並んで意味を持つ音声のデータです。ディープラーニングで音のつながりかたを覚えたらどうなるのでしょうか。

佐藤さんは、「クラシックピアノの音楽をWaveNetにたくさん聴かせて学習させました。すると、WaveNetはゼロから音楽を作りだしてしまいました。新しいピアノの曲ができてしまったのです」と驚きを私たちに伝えてくれます。

過去の多くの名曲を知り、音楽の構造や美しいメロディーを感じ取り、新しい音楽を紡ぎ出す。これは、人間がこれまでにしてきたことと違いがないように思えます。音楽の創作という領域にコンピューターが手を伸ばすことにも、ディープラーニングは貢献しているようです。

言語の壁を越える可能性が見えてきた「機械翻訳」

日本に住む多くの人は、どうも外国語が苦手だったりします。もちろん語学に堪能な人も多いでしょうが、一般に英語の勉強で苦労したり、最近では急増している外国人観光客に話しかけられてドギマギしたりする人が多いのは事実です。言葉の壁は、世界中のコミュニケーションの大きな障壁になっていますから、コンピューターがスムーズに翻訳してくれたら、まさに夢の世界が到来します。

グーグルの賀沢秀人さんは、言葉の壁を越える必要性についてこう説明します。「世界中の情報を誰にでも使えるようにする――。これがグーグルのミッションです。現在、世界中の情報は英語で書かれることが多く、約50％が英語で書かれています。しかし、英語で書かれたものを不自由なく読める人は、世界でも20％ぐらいしかいないのです。これは非常に困った問題です。さらに日本語となると、書かれたコンテンツも少ないですが、読める人はもっと少ないわけです。日本のことを知りたい外国の人は、圧倒的に困ってしまいます」

そこでグーグルが研究開発を進めているのが、機械翻訳です。コンピューターが、例えば「英語」と「日本語」を翻訳して、相互に意思疎通ができるようにしてくれているのです。「グーグルが提供する「Ｇｏｏｇｌｅ翻訳」は機械翻訳のアプリケーションの1つで、「すでに対応言語は１００を超え、オンラインで利用されている言語の99％程度をカバーするまで拡張できました」（賀沢さん）。

Ｇｏｏｇｌｅ翻訳の「会話モード」では、スマートフォンを卓上に置いたハンズフリー状態で翻訳ができます。例えば日本語とドイツ語の翻訳ならば、日本語で話しかけるとドイツ語でスマートフォンが翻訳した結果を発音してくれるのです。Ａｎｄｒｏｉｄスマートフォンならば、画面上をタップすることでどんな画面からでも簡単に翻訳できる「タップして翻訳」といった機能も備えています。言語の壁は、気づかないうちに随分と低くなっているようです。

ニューラルネットでＧｏｏｇｌｅ翻訳が進化

グーグル翻訳は私たちに外国語を使ったコミュニケーションの新しいかたちを提供してくれています。しかし、「あれ、いかにもコンピューターが翻訳したみたい」と、苦笑いしてしまうような〝珍訳〟に出合った経験のある人も多いでしょう。ところが、グーグルでは２０１６年、Ｇｏｏｇｌｅ翻訳にディープラーニングの手法を使ったニューラルネットワークを適用し、翻訳の品質をぐんと高めることに成功したのです。

これまでのＧｏｏｇｌｅ翻訳でも、機械翻訳の手法を利用していました。それは、フレーズベースの機械翻訳（ＰＢＭＴ）というものでした。簡単に仕組みを見ていくと、原文をまずフレーズごとに区切ります。次に、それぞれのフレーズを翻訳し、翻訳したフレーズを組み立て直して全体の翻訳文を作るというものでした。「フレーズごとの区切りの部分が、どうしてもゴツゴツしたような、つぎはぎがあるような翻訳になってしまいがちでした。頑張っているんだけれど、まだまだ人間には届かない印象で、うーんというところがある翻訳でした」と賀沢さんもその残念な印象を認めます。

一方、グーグルが新しく採用したニューラルネットワークを活用した方式（グーグルニューラル機械翻訳：GNMT）では、そうした区切りはありません。文章の全体を見て、どう訳すか決めていくのです。賀沢さんは「そのためゴツゴツしたところが少ない、スムーズな翻訳ができます。私がこれまでかかわってきたグーグル翻訳の中で、飛び抜けて大きな成果が得られていると感じています。見慣れている私たちでも、良くなったと言えるほど変化があります」と笑みを浮かべます（**図3－8**）。

その違いを、グーグルが数値として評価したデータがあります。日本語でのニューラル機械翻訳（GNMT）が発表される前の資料なので、残念ながら翻訳の対象が英語、スペイン語、フランス

図3－8　Google翻訳の精度向上前後の翻訳結果

原　文

The world has so many beautiful and amazing places to visit.If we're lucky,we're able to travel and see a few of them.

旧版による日本語訳

世界が訪問するので、多くの美しく、素晴らしい場所があります。我々は運が良ければ、我々は旅行をし、それらのいくつかを見ることができるしています。

新版による日本語訳

世界には美しくてすばらしい場所がたくさんあります。運が良ければ、私たちは旅行することができ、それらのいくつかを見ることができます。

語、中国語ではありますが、その威力は少し感じられるでしょう。評価は「0」から「6」までの7段階で、人間が完全な翻訳と感じた場合に「6」が付きます。人間による翻訳でも実は満点になることはないほど、翻訳は難しい作業なのです。

そうした中で、フレーズベース機械翻訳（PBMT）は、やはりまだまだという数値です。言語の関係によって数値は上下しますが、「4」から「5」あたりです。一方、新しいニューラル機械翻訳（GNMT）は、かなり人間の翻訳に近づいていることがわかります（**図3-9**）。

言語によって差はありますが、おおよそ「5」以上の評価ですし、西洋系の言語同士では人間に肉薄していると言ってもよさそうです。「日本語は、西洋系の言語との違いが大きく、このグラフ

図3−9 調査の結果、翻訳精度は各国語で人の翻訳に近づきました

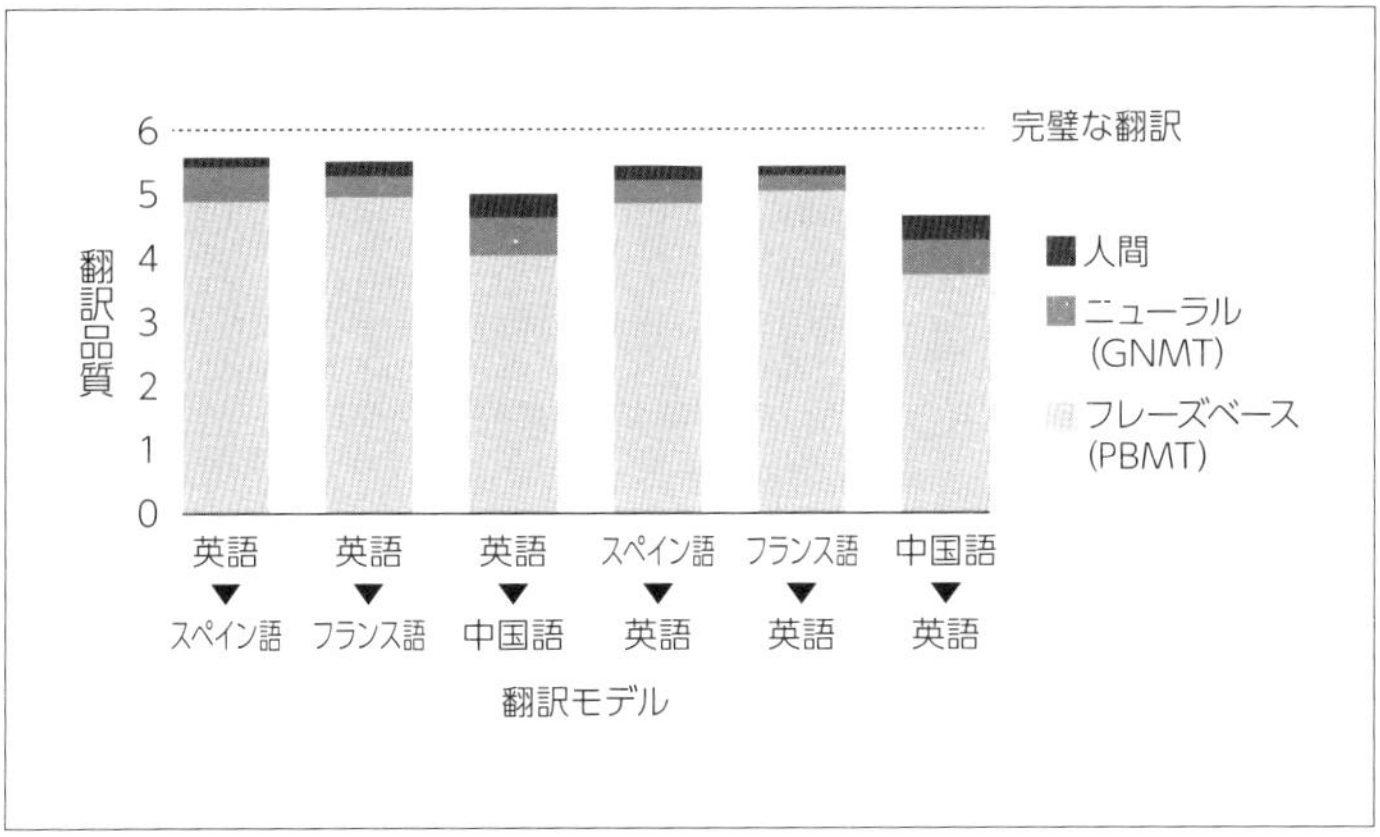

で見た中国語に近い評価になります。それでも、フレーズベース機械翻訳に比べると大きな進歩をしていることは間違いありません」（賀沢さん）。

グーグルでは、ニューラル機械翻訳と従来のフレーズベース機械翻訳の結果をバイリンガルの人間によって評価しています。その結果、ニューラル機械翻訳は、従来の方式よりも55～85％の翻訳間違いを減らすことに成功しています。

少しだけ技術的な部分を見ておきましょう。ニューラル機械翻訳では、考え方として3段階の構成でニューラルネットワークを活用しています。最初は入力した文章に対して、個々の単語を数値化する処理です。機械学習で、単語をベクトルという数値に変換します。次に、元の言語から得たベクトルをニューラルネットワークに入力して、翻訳した言語の単語のベクトルを出力する処理を行います。ここでは、ディープラーニングを利用したニューラルネットワークを使います。さらに、翻訳後のベクトルから、最初の処理のちょうど逆引きのようなかたちで単語に戻していきます。実際にはディープラーニングの学習データとして、コンピューターは言語であることを意識していません。画像認識でも翻訳でも、入力されたデータと出力したデータの関係がより正しくなるように内部の設定を調整しているだけです。

教師データになる翻訳前の入力データと翻訳後のデータは、大量なデータを用いています。Web上でクロールしたデータから、ある日本語の文章に対して、特定の英語の文章が翻訳の関係にあると機械的に判断したデータを教師データとして使っています。

「Let it Go!」は現在Ｇｏｏｇｌｅ翻訳では「手放す！」と訳されますが、映画『アナと雪の女王』の主題歌「Let it Go!」の邦題は「ありのままに」と訳したデータが大量にあれば、そうした柔らかい翻訳もできてくるわけです。

■ディープラーニングの成果を手軽に使える「機械学習ＡＰＩ」

画像認識やテキスト分析、そして音声の認識から翻訳まで、ディープラーニングの手法がさまざまな分野で活用できることがわかりました。しかし、「我が社の工場のラインにも画像認識の機能を付け加えられたら効率化できそうだな」とアイデアが浮かんだとしても、人工知能やディープラーニングに手を出すとなると、大変な研究開発コストと、コンピューターの深い知識が必要になりそうです。大企業ならまだしも、中小の企業では「未来のお話」に感じられるのも無理はありません。

ところが、誰もがディープラーニングの成果を手軽にビジネスに生かすためのサービスが、すでにグーグルから提供されています。グーグルはクラウドサービスの「グーグルクラウドプラットフォーム（ＧＣＰ）」の中で、グーグルが研究開発してきたディープラーニングの成果を一般に提供しています。

ＧＣＰのエバンジェリストの佐藤一憲さんは、「グーグルは、誰にでも使える機械学習サービスを提供しています。グーグル内で閉じるのではなく、多くのお客さまに機械学習の先端の成果を使っていただけるようにしています。そこでは、大きく分けて2種類のサービスを用意しています。1つが機械学習の訓練済みモデルを、ＡＰＩ（アプリケーション・プログラミング・インターフェース）として提供するかたちです。もう1つが、機械学習ライブラリの「テンソルフロー（ＴｅｎｓｏｒＦｌｏｗ）の提供です」と説明します。

まず、ＡＰＩによる訓練済みモデルの提供から見ていきましょう。ＡＰＩとは、一般には特定の機能を持つコンピュータープログラムを、外部のプログラムから呼び出して利用できるようにするインターフェースのことを指します。ある機能を備えたＡＰＩに対して他のプログラムからデータを入力すれば、ＡＰＩの機能に応じた答えが得られ、プログラムではその答えをすぐに利用できるのです。

グーグルでは、そうしたＡＰＩとして、機械学習の訓練済みモデルを提供しています。例えば、「画像認識をして」とお願いすれば、機械学習モデルを使って認識した結果の「人間」や「猫」といった答えを返してくれるわけです。利用する企業や私たちは、機械学習で何をしているかなど知る必要もありません。入力となるデータをＡＰＩに渡せば、出力としての答えが得られるのです。これならば、誰もが機械学習の成果を活用できそうです。

GCPでは、4つのAPIを公開しています。それぞれについて見ていきましょう（**図3－10**）。

・Google Cloud Vision API

Vision APIは、画像認識、画像分析の機能を提供するAPIです。Vision APIを利用することで、画像の内容を認識して処理するアプリケーションをユーザーは手軽に作ることができます。Vision APIが提供する機能としては、画像を多くのカテゴリーに素早く分類することが第一に挙げられます。画像に含まれているものを、ヨットであったりライオン、エッフェル塔であったりというカテゴリーに分類します。画像の中には複

図3－10　グーグルが提供する4種類の機械学習API

数の物や人物が映っていることがありますが、それらを個別に検出する機能も備えています。また、画像内のテキスト部分を検出して読み取ることもできます。

Ｇｏｏｇｌｅフォトで自動的に写真が分類されているように、大量の画像データの中から必要な物や人物が映っている写真を抜き出したり、被写体ごとに分類したりするようなアプリケーションへの適用が可能です。また、公開に不適切なアダルト画像や暴力的な画像を検出し、アラートを上げるといった使い方もできます。さらに画像に映った人物の表情からそのときの感情を判断することもできるため、感情を評価するマーケティングなどに生かすことも考えられます。

・Google Cloud Speech API

Ｓｐｅｅｃｈ ＡＰＩでは、話された音声を認識してテキストに変換する機能を提供します。グーグルでは、ディープラーニングの手法を取り入れたニューラルネットワークのアルゴリズムを利用することで、ユーザーの音声を高精度に認識できるようにしています。グーグルの技術開発の進展とともに、Ｓｐｅｅｃｈ ＡＰＩで提供する音声認識の精度が高まっていく点も特徴です。

80以上の言語と方言を認識してグローバルな活用ができるほか、結果をリアルタイムで返すことが可能です。また雑音の多い音声データに対しても正確な認識ができると説明します。音声の入力をテキストに変換するだけでなく、音声コマンドによる機器の操作、音声からテキストファイルの作成などに利用できます。

・Google Natural Language API

Natural Language APIは、自然言語処理を行うAPIです。テキストの構造や意味を認識し、文章が何を言おうとしているのかの判断に役立てることができます。例えば、ニュース記事やブログに記載された内容から、関係する人や場所などの固有名詞を抽出することができます。また、テキストの内容から、肯定

図3−11　Natural Language APIのデモ画面で例文を入れて、品詞などの分解ができるか確認できます

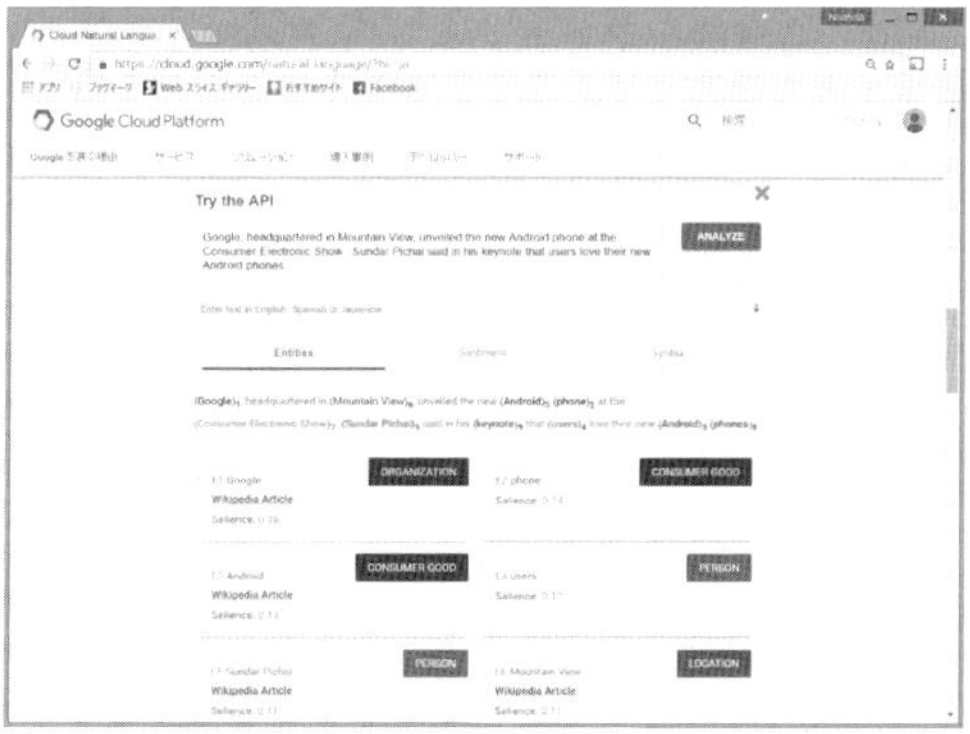

的／否定的といった感情を検知することもできます（図3－11）。

用途としては、膨大な記事をトピックごとに整理したり、不適切なコンテンツをフィルタリングしたりすることが考えられます。また感情分析の機能を使うことで、SNSへの投稿などから自社製品へのユーザーの感情を評価して、製品開発やマーケティングに生かすこともできるでしょう。Vision APIのテキスト読み取り機能や、次に紹介するTranslate APIの翻訳機能と組み合わせることで、利用の範囲はさらに大きく広がります。

・Google Cloud Translate API

Translate APIは、ある言語で記述された文字列を、他の言語の文字列へと翻訳する機能を提供します。WebサイトやアプリケーションでTranslate APIを利用すれば、言語の壁を越えたサービスを手軽に提供することができます。翻訳元の言語が不明でも、自動検出することもできるので、特定の言語に限らない翻訳サービスを自社のサイトやサービスに組み込むことができます。翻訳が可能な言語は90を超えています。

これらのAPIを使うことで、利用者はクラウドプラットフォームのサービスとして手軽に機械学習やディープラーニングの成果を自社のサービスに組み込むことができます。人工知能の研究者も、ハイスペックなコンピューターも、ディープラーニングの学習をするための膨大な教師データのセットも必要ありません。特定の使い方であれば、すでに機械学習やディープラーニングを手のうちにすることができるのです。

カスタマイズしたディープラーニングを活用できる「テンソルフロー」

ＡＰＩが提供されることにより、機械学習やディープラーニングを一般の企業が利用するための障壁は格段に低くなりました。プログラムでＡＰＩを呼び出すだけで、画像認識や音声認識の最新の成果が利用できるのです。これは便利です。

一方で、提供されているＡＰＩではフィットしない場合もあります。画像認識といっても、医療や産業など特定分野の内容では、いかにディープラーニングを使っているとはいっても「犬」や「エッフェル塔」を認識する汎用的なＡＰＩでは対処できません。病気の懸念があるのかないのか、故障の予兆が見られるのか否かを見分けることが重要なのです。そのように、ディープラーニングの手法をカスタマイズして利用したい場合には、グーグルが用意する機械学習ライブラリの「テンソルフロー」が役立ちます。

佐藤さんは「テンソルフローを利用することの最大のメリットは、パイソン（Ｐｙｔｈｏｎ）という言語で簡単なコードを書くだけで、ディープラーニングを利用できることです」と説明します。ユーザーが自分たちの手でニューラルネットワークを設計するとなると、さまざまな知識や膨大なハードウエアリソースが必要になります。一方で、テンソルフローを使えば、ニューラルネットワークの調整はハイパーチューンというソフトウエアが自動的に行います。グーグルが開発した高性能なGPU（グラフィックス・プロセッシング・ユニット：画像処理半導体）を使った、最新のデータセンターの計算機パワーを使った計算処理も行えます。

「ポータブルでスケーラビリティーがあるため、最初はマッキントッシュやウインドウズのパソコンでディープラーニングのモデルを試し、実際の応用を始めたらグーグルクラウドプラットフォームのGPUを使って本格稼働するという段階的な利用にも適しています」（佐藤さん）

テンソルフローによって、機械学習やディープラーニングは、ニューラルネットワークの数学や数理モデルなどを理解している人がいなくても利用できるようになったわけです。APIの利用が「既製服」だとすれば、テンソルフローの利用は「イージーオーダー」ぐらいのイメージでしょう。自分で服を仕立てる技術がなくても、似合った格好のいい服を着ることができるようになるわけです。必要なのは、アイデアと学習させるための大量なデータです。

佐藤さんは、テンソルフローによる機械学習の利用の広がりを「機械学習の民主化が始まっています」と表現します。従来であれば考えられなかったようなシーンで、高度な機械学習の成果が利用できるようになっているためです。「インターンの学生が商品の画像認識システムを短期間で作り上げていたり、農家が作物の仕分けシステムを作ったりと、テンソルフローによって機械学習の応用範囲は大きく広がっています。アイデアがあれば、簡単に機械学習の成果を利用できてしまうのです」と専門家の佐藤さんですら、興奮気味に話すような時代が到来しているのです。

ディープラーニングが向く領域、向かない領域

本章では、機械学習、ディープラーニングが、どのような分野で実際に使えるようになっているのか、そしてどのような方法で利用できるのかを見てきました。もう、ディープラーニングがあれば何でも解決してしまうのではないか？ そんな気持ちにさえなってきます。しかし、ビジネスでの応用を考えたとき、ディープラーニングはまだまだ万能選手ではないようです。得意、不得意な分野が明らかにあるというのです。

賀沢秀人さんに再度、登場してもらいましょう。賀沢さんは、ちょっと刺激的な発言をします。

「これからは機械学習やディープラーニングが必ずさまざまな領域で広がってきます。エンジニアだけが知識を持っていればいいのではなく、ビジネスサイドの人もある程度は正確に把握していないといけないでしょう。今の時代『インターネットをください』ではビジネスにならないません。今後、『ディープラーニングをください』ではビジネスにならない時代がやってき

ます。どういうところには有効に使えて、どういう場面では使えないのか、機械学習やディープラーニングの本質を知っていないと、ビジネスチャンスを逃したり、だまされたりしてしまうかもしれません」

躍進目覚ましいディープラーニングですが、得意、不得意があります。賀沢さんは、「得意なところは、大量にデータがあるような非常に複雑な問題です。複雑な問題になればなるほど、ディープラーニングは力を発揮します。多くの情報から瞬時に行動を判断しなければならない自動運転などは、ディープラーニングを使わないと実現できないでしょう。画像認識や翻訳なども適する例です」と言います。

一方で、「データが少なかったり、単純なデータだったりすると、ディープラーニングはまる覚えしてしまいます。覚えたものと違う入力があったときに、『見たことがない』ことから不自然な結果を導き出してしまうこともあります。また、AならばBになって、Cが得られるといったように、結果に間違いが許されないアプリケーションも、ディープラーニングには向きません。お金のトランザクション処理にディープラーニングを使ったら、大きな傾向としては正解でも1円単位では合わないといったことも起こりえます」と賀沢さんが言うように、不向きな部分もあるのです。

そうした大枠を理解した上で、ディープラーニングは「企業のサービスの作り方を根底から変える可能性があります」と賀沢さんは言います。

「今後、ビジネスでは未来を予測しなければならないことが増えるでしょう。これまでは現場の勘で判断していたところに、ディープラーニングを適用することで実態が解明され、経費削減につながるかもしれません。機械学習やディープラーニングをビジネスのどこに適用したらいいか、その発想ができることが重要です。プログラムを書いたり、計算機を買ったりするところまで自前で行う必要はないのです。そこはグーグルがプラットフォームを用意していますから」

次の4章では、実際に機械学習やディープラーニングをビジネスに取り入れた日本企業の事例を紹介していきます。もう、人工知能をビジネスに活用することは、未来の物語ではなくなっているのです。

4章　企業事例編

ディープラーニングで業務効率化、国内で続々始まる

ディープラーニングで業務効率化、国内で続々始まる

ディープラーニングをはじめとする人工知能は、グーグルのような世界的なIT企業だけでなく、日本国内の大企業から中堅・中小企業でも活用が始まっています。クルマの自動運転や創薬などの研究開発といった大規模プロジェクトの報道が目立ちますが、日々の業務を改善する事例は既にいくつも実現されています。そうした企業は数カ月単位で開発を進めています。まずはシンプルでもシステムの提供を開始して、得られたデータを用いて継続的に改善できるのがディープラーニング、機械学習を用いたシステムの特長でしょう。本章では、そうした身近な事例を中心に紹介していきます。

■安藤ハザマ、トンネル工事の岩盤の硬さを判定

トンネルを建設する際の工事を安全かつ効率的に進めるために、人工知能を活用するシステムの試験運用が始まっています。総合建設会社の安藤ハザマが、日本システムウエアと共同で開発した「トンネル切羽AI自動評価システム」です（図4-1）。

トンネルを掘削する最先端部分である「切羽（きりは）」の写真を投入すると、岩盤の硬さやもろさといった工学的特性を自動的に評価するシステムです。

本システムの利用シーンは、山岳トンネルを掘削する現場で、岩盤の硬さによって次に掘削する際の火薬の量などを調整する場面です。現場では岩盤の硬さやもろさによって最適な火薬の量を選択し、支えとなる柱などの設計を調整します。

安藤ハザマ土木事業本部土木設計部基礎技術グループ地質技術チーム部長の宇津木慎司さんは、「岩盤の硬さの評価は、岩盤の工学的特性を評価する伝統的な岩盤分類基準に従って、人間が目視や岩盤を叩いて行います」と従来の手法を説明します。

この岩盤の工学的特性の評価を人工知能によっ

図4－1　トンネル切羽AI自動評価システムの概念図

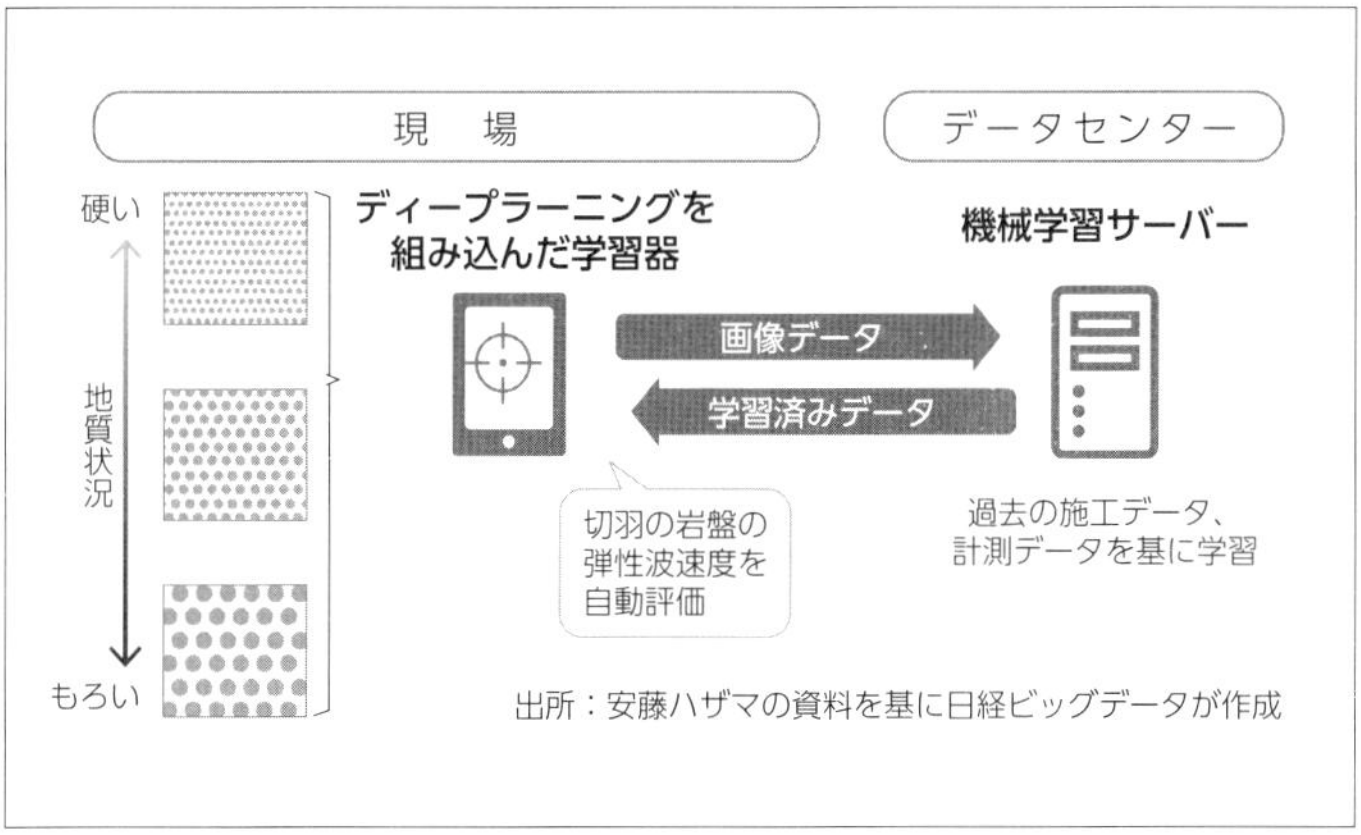

学習済みデータ
切羽の岩盤の弾性波速度を自動評価
過去の施工データ、計測データを基に学習
出所：安藤ハザマの資料を基に日経ビッグデータが作成

て自動化することで、専門家や熟練技術者がいなくても、的確な判断をサポートできるようにすることが新システムの目的です。

岩盤の硬さの分類は、岩盤中を振動波が進む速度となる「弾性波速度」と相関関係があります。掘削が終了して、切羽の写真と弾性波速度のデータが揃っている2カ所のトンネルのデータをディープラーニングの教師データに利用しました。

学習に際しては、約500枚の写真を多数に分割して、5万枚分の写真データを作成しました。弾性波速度とともに学習させた結果、切羽の写真を撮影すると弾性波速度の値が答えとして得られます。

「新システムでは、およそ85%の確率で、切羽の写真から対応する弾性波速度を認識することに成功しました」(宇津木さん)とのことです。

掘削工事の自動的な最適化まで視野に

新システムでは、写真を撮影して機械学習サーバーに画像データを送るだけで、岩盤の工学的特性の指標が得られ、難しい操作は不要です。現在の約85%の認識率も、「専門家がいなくても、現場は判断をしなければいけません。現場の判断の確からしさを補佐するツールとして、十分に有効です」と、宇津木さんは評価しています。さらに新システムの利用によって、岩盤の特性に応じた最適な火薬の量で掘削できれば、掘りすぎや掘り残しによる工数やコストを削減することになるので、工事費用面の改善も期待できます。

今後、試験運用を通して現場のデータの蓄積を進めるとともに、トンネル削孔機械と新システムの連携も検討しています。「切羽の写真を撮影したら、最適な火薬の量などを計算してトンネル削孔機械が自動的に掘削するといったシステム連携の実現が目標」（宇津木さん）です。専門の技術者がいなくても最適な工事の施行ができる世界を、人工知能の活用で具現化する考えです。

画像分析を得意とするディープラーニングをうまく生かした取り組みです。こうした日常業務で集まる画像データを分析して、人による業務を効率化する取り組みはほかにもあります。

■クルマの写真から型式まで特定、オークネットIBS

中古車などの事業者間取引支援のオークネット（東京都港区）のシステム開発子会社であるオークネット・アイビーエスがその一社です。ディープラーニング技術を使い、クルマの写真を30種類の部位別に自動分類するシステム「Ｋｏｎｐｅｋｉ（紺碧）」を開発しました。２０１６年11月にはグループの中古車ディーラーのフレックス（東京都港区）が採用し、サイトなどへの情報登録業務を効率化させています。

中古車ディーラーでは、仕入れた中古車の写真を多数撮影して自社サイトや情報サイトへ登録する作業が頻繁に発生します。クルマの左斜め前・右斜め前、横からの右向き・左向き、後方、そして車内のフロントシートとリアシート、計器類が配置されたパネル、カーナビなど……。こうした写真を店員が手作業で整理すると、5分程度はかかるそうです。

Konpekiはディーラーの店員が撮影した写真を登録すると、自動的に部位別に分類して、中古車情報サイトへの登録を容易にします（**図4-2**）。クルマの外部は18種類、内部は12種類の部位に分類します。セール告知画像のようにクルマの画像を含むものの、クルマそのものではない画像は対象外へと振り分けることもできます。さらに、メーカー、車名、型式も特定して、平均的な販売価格帯も表示できます。

オークネットIBSは、親会社であるオークネットが運営する中古車ディーラー向けのオークションによる仕入れ、販売支援システムを開発、運営しています。このシステムを利用するディーラーなどへ、本システムを販売していく方針です。

システムは、グーグルの「グーグルクラウドプラットフォーム（GCP）」上で、ディープラーニングのモデルを開発するためのライブラリ「テンソルフロー（TensorFlow）」を用いて大量の画像を学習させて開発しています。

図4－2　オークネットIBSが開発した画像によるクルマの部位、型式判別システム「Konpeki」の画面。上の画面に複数写真をドラッグ＆ドロップすると、下のように自動的に分類されます

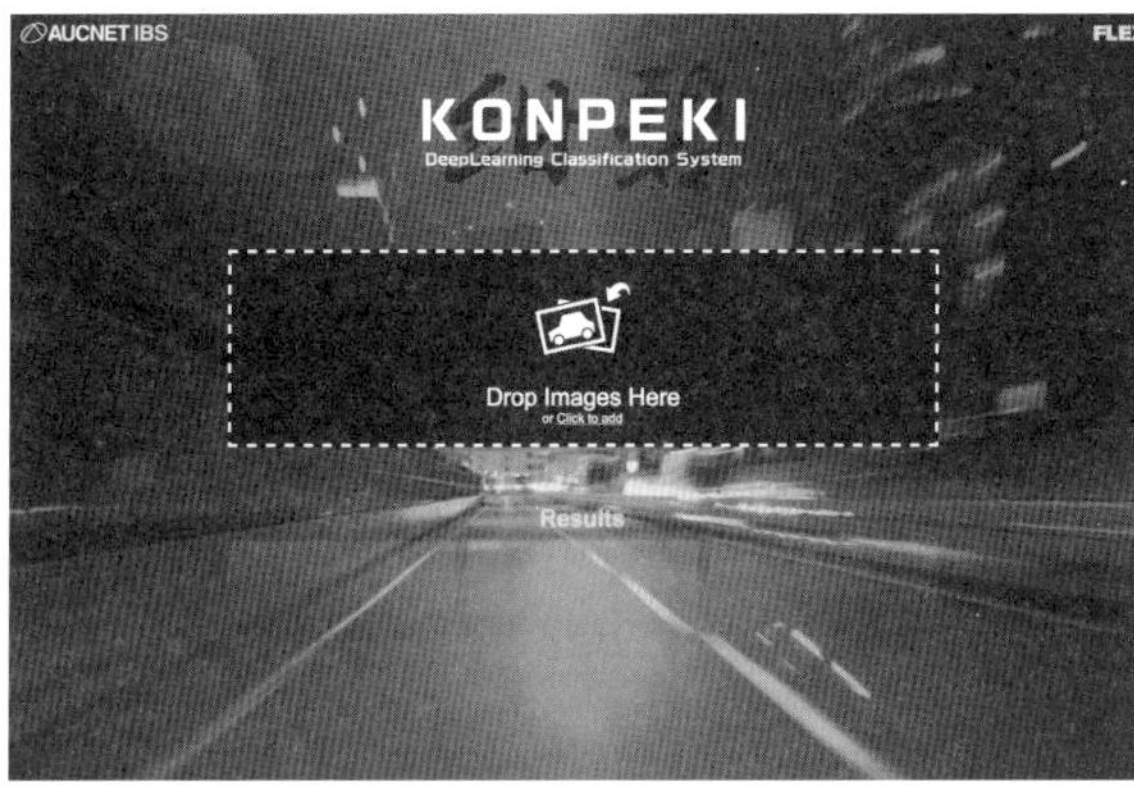

年間約500万台の中古車データを活用

オークネットＩＢＳが本システムを開発できたのは、これまでオークション取引に出品された大量の画像データを保有しているからです。オークネットのプラットフォームには、年間で約500万台の中古車が出品されているそうです。実際に取引に利用されたものであるため、型式なども正確なデータが整っているのが特徴です。

そうしたデータを学習させて、判別モデルを作成しました。オークネットＩＢＳのクラウドビジネス推進部統轄ＧＭの黒柳為之さんは、「クルマの部位を認識できるようにするには、各部位で最低50枚ほどの画像が必要になります」と説明します。識別する30部位に加えて内部的にはさらに10部位も識別しており合計40部位、つまり1型式当たり2000枚の画像が必要となるのです。

さらに型式まで特定するには、より多くの画像が必要になります。型式は、右斜め前か左斜め前から撮った画像から特定しています。自動車業界では最も定番の構図で、世の中に出回る画像数も多いからです。この画像から型式を特定できるよう学習させるには、「右前、左前のどちらか、または両方で200枚の画像が必要になります」と黒柳さんは説明してくれました。自動車の画像を大量に持つ同社だから実現できる学習というわけです。

開発当初は半年間ほどかけて、コンパクトカーの画像を学習させて実証実験をしました。そこで「ある程度いけることが分かった」（黒柳さん）ため、グループ会社であるフレックスへの導入へ向けて精度を上げていくことにしました。

最初の導入先がフレックスとなったのは、同社がグループ会社であることに加えて、意外な理由がありました。ランドクルーザーとハイエースの専門店であることです。

「2ブランド合わせても型式は130程度」（黒柳さん）のため、教師データとなる画像のボリュームを限定できるのです。試行錯誤を繰り返して精度を上げ、「各型式で学習用の画像が十分にあれば、型式を認識する精度は95％以上となり、十分実用的なレベルに達しました」（黒柳さん）と自負します。取材をした2016年秋時点で、フレックスで扱うランドクルーザーやハイエースの3割の型式では十分な画像数を確保できて精度は十分に高められたそうです。残りの7割も学習を進めて、データの確保が済めば十分な精度に達する見込みが立ちました。

クルマの向きが識別できず悩む

黒柳さんは、精度を効率良く上げていくには「自動化が重要です」と言います。「GCP上で毎日の画像データを自動で吸い上げて学習させ、その結果、認識率が10％などしきい値以下だったり、前日より精度が低かったりする場合は、学習結果も元のデータも捨てます。人間が目視で見ていては精度は上がりません」。

さらに、「（2016年9月下旬にベータ公開されたグーグルの機械学習のプラットフォーム）クラウドマシンラーニングをアルファ版のころから使っています。130型式×40部位×平均30枚（精度を確保する50枚に達しない型式もあるため）で15万6000枚程度の画像の学習を100コア（台）同時並行で進めました。従来は28時間はかかっていましたが、20分くらいで学習できるようになりました」（黒柳さん）。これも学習を順調に進める要因となったのです。

ディープラーニングは入力した画像から最終的な結果が出るまでの過程が見えにくいこともあり、ここに達するまでは障壁もありました。なんと、「最初はクルマが右向きなのか、左向きなのかがどうしても識別できませんでした」（黒柳さん）という状況だったのです。人が見れば誰でも分かることだからといって、ディープラーニングでも簡単にできるわけではないのです。

グーグルにも相談をし、学習させる画像をモノクロにする、画像サイズを半分にするなど、3カ月間ぐらいさまざまな試行錯誤をしました。最終的には「画像を90度回転することで識別可能になりました」と黒柳さんは教えてくれました。

今後は、コンパクトカーなどさまざまなクルマの画像も学習させて、型式を判別できる車種を増やし、フレックス以外のディーラーにも対応できるようにしたいそうです。

中古車取引の活性化に貢献

オークネットIBS社長の鈴木廣太郎さんは、本システムについて、「消費税が上がると自動車のCtoC（消費者間）取引が増えるといわれていますが、写真を撮るだけで型式が特定でき、売買に必要なクルマの情報の8～9割が埋まれば入力が楽になります。今後の中古車流通の変化を見据えると、必要なシステムです」と意義を語ります。

黒柳さんも、「型式だけでなくオプション装備なども認識できるようになれば、ガソリンスタンド、ファミリーレストランなどで写真撮影をして、即中古車査定ができるようになります」といった活用法を描きます。価格推定まで可能になれば、中古車取引活性化に大きく貢献する可能性があります。

オークネットはブランド品オークション事業も手掛けており、ディープラーニングを使った画像認識は真贋の判定などにも活用できる可能性があるそうです。単なる業務効率化だけでなく、新たな事業を発展させる基礎技術になるかもしれません。

なお、Ｋｏｎｐｅｋｉは先進性が評価され、グーグルが２０１６年9月に米サンフランシスコで開催したクラウド技術者向けイベントでも披露されました。そして、オークネットＩＢＳは翌月にＫｏｎｐｅｋｉを一般公開しました。ディープラーニング活用によって同社の技術力と、新たに活用を始めたビッグデータを幅広く訴求していきます。

■エアロセンス、ドローン空撮データへ活用

大空を飛ぶドローンが撮影する画像の分析に、ディープラーニングの技術を適用する試みも始まっています。ドローン（自律型無人航空機）とクラウドサービスを組み合わせたソリューションを提供するエアロセンス（東京都文京区）の取り組みです。エアロセンスはソニーとロボット開発などを手がけるZMP（東京都文京区）の共同出資会社です。ドローンによる土木測量などのソリューションを提供しています。

エアロセンスがディープラーニングを活用している領域は2つあります。1つは、ドローンを使って上空から設備管理をする試み、もう1つはドローンによる測量で用いる位置特定用のマーカーの開発です。いずれも、建築、土木、監視、農業、物流などドローンを活用したさまざまな産業用のソリューションへの貢献が期待される技術です。

少ない教師データで自動車の台数検出システムを構築

ドローンを使った設備管理の効率化について、エアロセンス クラウドサービス部部長の小早川知昭さんは「設備管理のソリューションとしては、資材置き場や風力発電の風車のブレード、設備の破損状況などの点検があります。ドローンを使って空撮した画像から、資材の数や破損状況などを人間の目で確認するのは大変な手間がかかります。画像認識によって、自動的に数

量を計測したり異常を検知したりできれば、業務の効率化につながります」と説明します。

人工知能やビッグデータ活用を支援するブレインパッドとともに、ディープラーニング技術を適用した取り組みです。

両社は、ディープラーニングを活用して空撮画像から停車している自動車の台数を計測するソリューションを開発しました。実験結果から先に説明すると、ディープラーニングを使った空撮画像の自動車認識のモデルでは、116台の自動車が写っているテスト画像データで122台の自動車があるという検出結果を得ました（**図4－3**）。「ピッタリの正解ではありませんが、かなりの精度で自動車を認識できることがわかりました」（小早川さん）。

エアロセンスの自動車認識のモデルは、空撮画像から自動車を認識するための専用のディープラーニングのモデルをゼロから作ったのではないところに特徴があります。小早川さんは「専用のモデルを作るとなると、大量の教師データが必要になります。1万枚でも不足するでしょう。今回は、既存のモデルを活用して約130枚という少ない教師データで、ある程度高い精度の認識ができることを示したことに価値があります」と説明します。

ディープラーニングのモデルを開発する上では、グーグルのディープラーニングのライブラリである「テンソルフロー（TensorFlow）」を活用しました。テンソルフローで利用できる「Inception-V3」という一般的な画像認識モデルを使い、画像データから特徴量を抽出したベクトルを作成します。この際に、約130枚の自動車の空撮写真を教師データとして利用しています。特徴量を抽出したベクトルは、さらに機械学習の一種であるSVM（サポートベクトルマシン）で学習し、結果を得る仕組みです。

「既存の学習モデルを使って、異なる課題を学習させる、いわゆる転移学習の手法を使いました。今回は転移学習によって、約130枚という少ない画像でも良い成果を得ることができました」（小早川さん）。

ディープラーニングで高い精度の認識をさせるモデルを作るには、大量のデータを学習させる必要があり

図4−3　ディープラーニングの学習に活用したドローンによる空撮映像

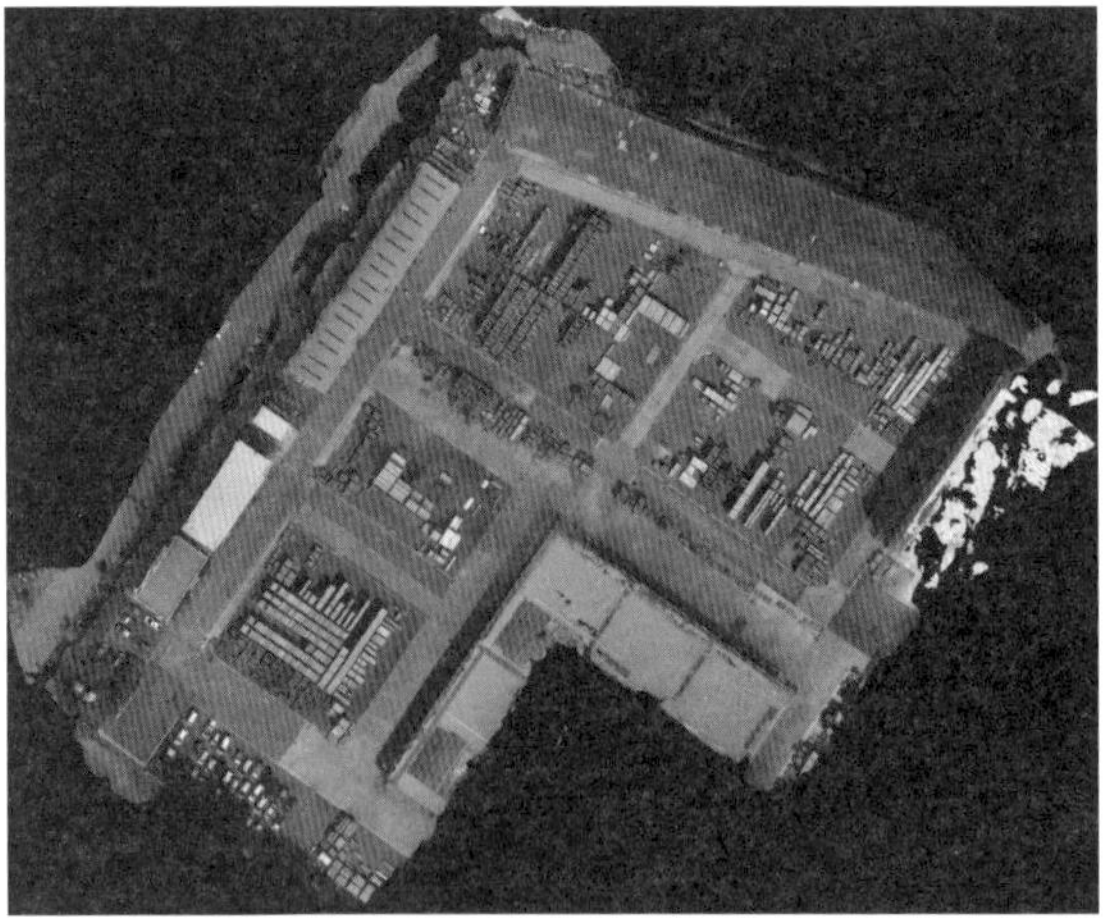

ます。それでは商業的にコストに合わないケースが多く、現実的なコスト感でディープラーニングを商用利用できる可能性を確認できたことに意義があるのです。

測量の効率を高めるマーカーを開発

もう1つは、開発の部門でのディープラーニングの活用です。土木測量は、従来は人手をかけて行っていました。エアロセンスでは、ドローンを使った空撮で土木測量を効率化するソリューションを提供しています。同社技術開発部の村越象さんは、「空撮画像から、最大誤差10cm以下で3Dのモデル化をすることができます。広大なエリアで3Dモデルを作るとなると、これはドローン以外の方法では実現が難しいのです」と説明します。

しかし、ドローンによる測量でも課題があります。それは、撮影した空撮画像の絶対位置の精度を高めることです。「空撮画像から測量するには、どの位置を撮影したのかを正確に知る必要があります。そのために地上には正確に測量した点を示すマーカーを設置し、空撮画像からマーカーを探し出して位置の基準とする方法があります」（村越さん）。ただし、数十mという高い高度から、民生用のカメラを使って撮影するため、空撮画像から正確にマーカーを識別することが難しいという課題がありました。空撮画像では、マーカーの色や形状が変化して捉えられてしまい、判別が難しいのです（図4-4）。

そこで村越さんのグループは、空撮画像でも判別がしやすいようなマーカーのデザインを、ディープラーニングを活用して開発しています。実際に空撮した数千枚の画像データに加えて、マーカーの色や形状といったデザインを変更したシミュレーション用のデータを使って、ディープラーニングの学習を行いました。

「開発の側面では、ディープラーニングを利用することでどのようなデザインのマーカーが検出しやすいかを、短時間で検証できるようになりました。また、ディープラーニングを使って人手を介さずにマーカーを検出するいう利用の側面への適用も検討しています」（村越さん）

エアロセンスでは、画像認識に優れた能力を発揮するディープラーニングの手法を取り入れて、ドローンの産業用ソリューションの実用化を推進

図4−4　マーカーを空撮すると、カメラの性能により色や形状が変化してしまう

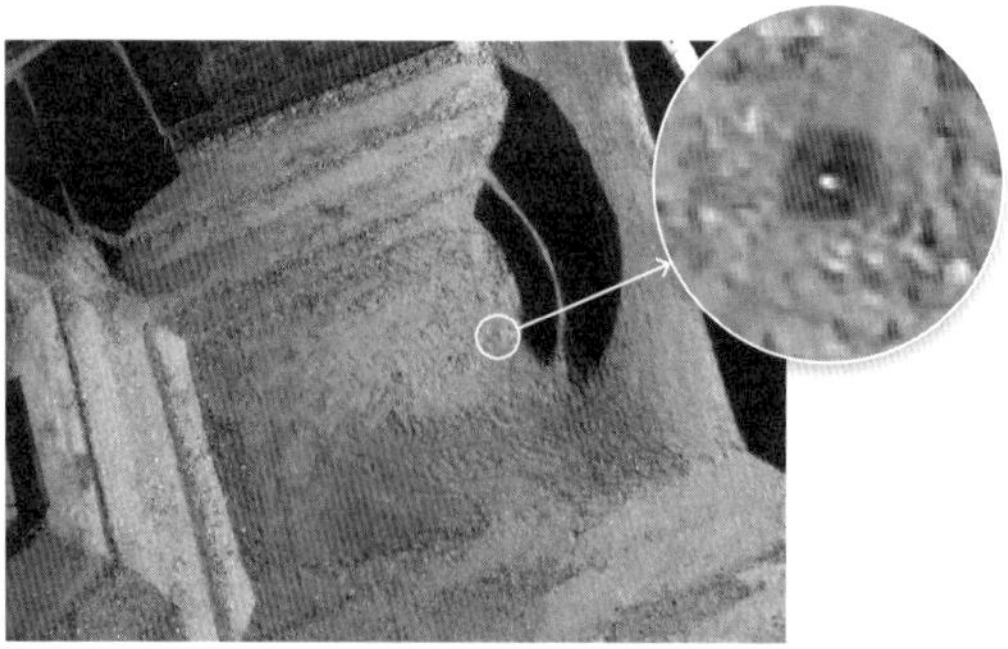

していく考えです。

■Peach、音声認識APIで運航案内を24時間化

ここまでは自社で集めたデータによって機械学習、ディープラーニングをする事例を紹介してきました。次は、もっと手軽にディープラーニングの力を活用している取り組みを紹介しましょう。

格安航空会社（LCC）大手ピーチ・アビエーション（Peach）です。同社は、ディープラーニングによる音声認識技術を活用した運航案内サービスの実証実験を実施しました（**図4－5**）。音声認識の技術検証と業務効率化への貢献を検証するのが目的です。

実験では専用番号を用意して、コールしてき

図4－5　音声認識による運航状況案内システムを提供

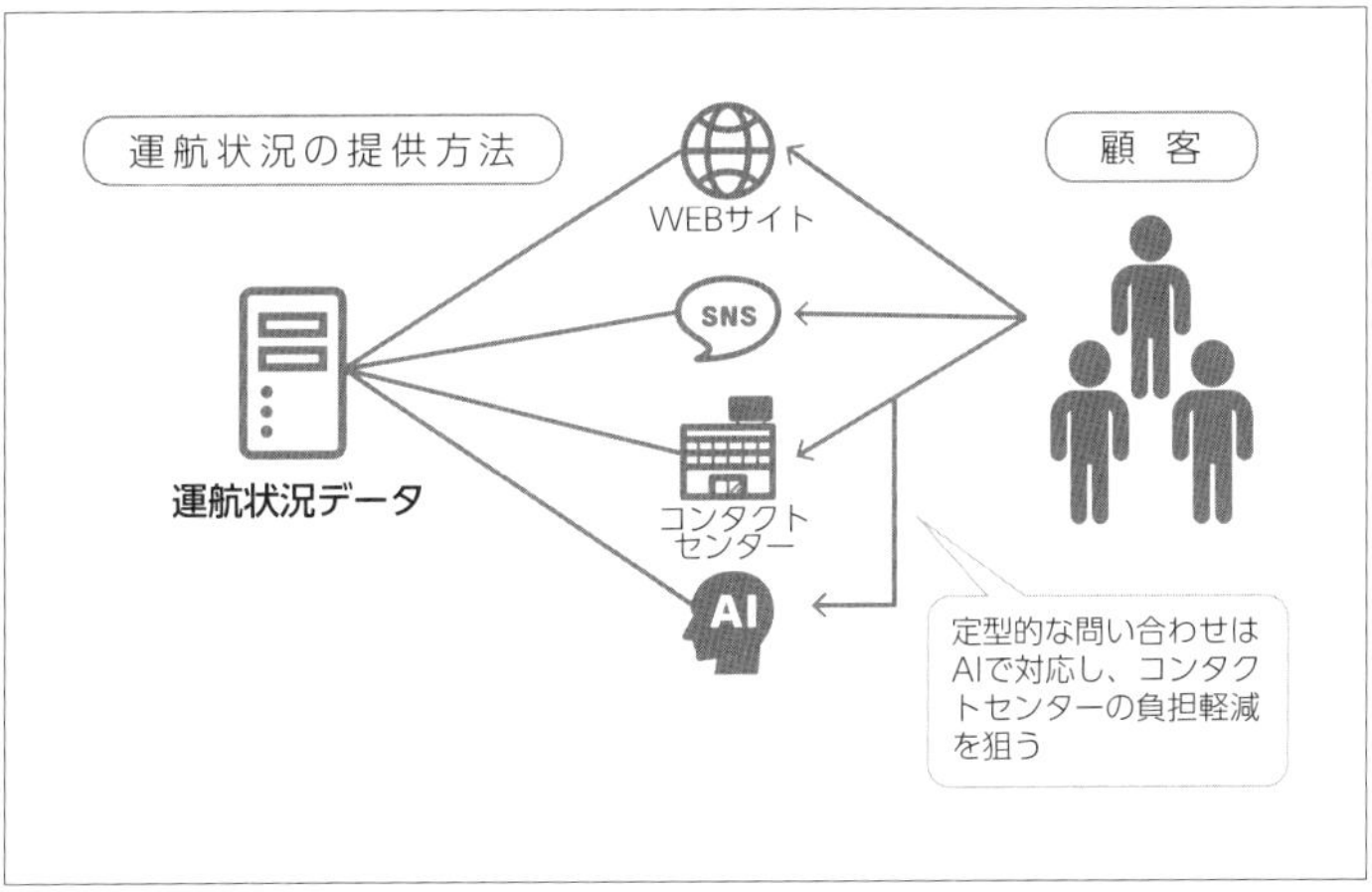

た顧客に自動音声対応システムで出発地と到着地を尋ね、音声認識によって情報提供する運航路線を特定し、当日の運航状況を案内しました。「関空」「成田」など通称でも認識します。

実証実験の案内は、メールマガジンとFａｃｅｂｏｏｋページで1回告知した程度ですが、「想定より利用回数は多くなりました。そして事前の想定通り、（運航ダイヤが乱れやすい）台風の日などに利用が増えています」とシステム開発を担当したPｅａｃｈの人事・イノベーション統轄本部イノベーション統括部部長の前野純さんは、実験期間中に実施した取材で明かしてくれました。

実験期間は2016年8月24日～10月31日で、システムはグーグルがディープラーニングを用いて開発した音声認識API（アプリケーション・プログラミング・インターフェース）「Gｏｏｇｌｅ Cｌｏｕｄ Sｐｅｅｃｈ API」のベータ版を利用し、ITソリューション提供のJSOL（東京都中央区）と共同開発しました。半年ほど前から企画を練り、2カ月ほどで開発したそうです

実験の狙いは2つありました。1つは音声認識技術の検証です。顧客が話した空港名の認識率や問い合わせの完了率などが成果を測るKPI（重要業績評価指標）となります。実用性が検証されれば、顧客向けだけでなく、社内システムにも音声認識技術の活用の可能性を探る目的でした。なお、音声認識はAPIを利用しましたので、Pｅａｃｈ独自に学習させたモデル

ではなく、グーグルの汎用的な学習済みモデルとなります。

もう1つは、費用対効果の検証です。LCCである同社は、間接費用を削るためにコンタクトセンターの対応は平日の午前9時から午後6時に限定しています。しかし、「ご不便をかけていてそのままでいいとは思っていませんでした」（前野さん）。自動応答により24時間対応にできれば、低コストで顧客満足度は向上するはずです。

そこで、人工知能システムへのコール数と、コンタクトセンターで人が対応したコール数の減少、そして人件費やシステム費用などを踏まえて費用対効果を測ります。「運航情報などの確認、問い合わせ手段はスマートフォン（サイトなどへ）へ移行していくことも踏まえて、将来的にニーズがあるかシビアに見ていきます」（前野さん）。

実験終了後に改めて聞いたところ、「コンタクトセンター対応時間外の問い合わせが結構あり、対応する意義はあります」と前野さんは感じたそうです。そして、「運航情報だけだと機能が不十分と考えており、よりニーズに沿った機能を検討の上、将来的にリリースするか考えたい」という結論に至りました。

人と人工知能の役割分担

今回の実験でグーグルのAPIを採用した理由は、今後の精度向上への期待、価格などに加えて、既存システムとの連携でした。

Ｐｅａｃｈは初便が就航した２０１２年から、クラウドサービスを採用してさまざまなシステムを開発、運営してきました。その結果、データがサービスごとに散在するため、グーグルの分析用データウエアハウス「ＢｉｇＱｕｅｒｙ」を採用してデータを集約し、各部門でのデータ分析を可能にしています。将来的に顧客の問い合わせデータも統合する可能性も踏まえて、連携が容易なグーグルの音声認識ＡＰＩを採用したということです。

また、Ｐｅａｃｈは２０１６年11月に中国・上海便を就航させました。今後、アジアの顧客を増やしていく方針です。音声認識の多言語化が容易なことも重要でした。

検証の結果、本システムを本格導入しても、コンタクトセンターの人員削減は予定していないそうです。今後、事業が拡大していくことを前提に、人員採用数を抑制できる効果を期待しています。また、前野さんは人工知能と従業員の役割分担を、「運航情報の案内のような人工知能のシステムでできることは、システムに任せればいいでしょう。一方で、複雑な対応は人手でする必要があります」と考えています。

ＰｅａｃｈのＣＥＯ（最高経営責任者）である井上慎一さんは常に、「何かおもろいことをやれ」と社員に発破をかけるそうです。こうした人工知能の活用のように先進性が高い取り組みは、社内他部門も歓迎しているそう。一方で、先進技術をどう事業に生かすかはまだ模索の最中だそうです。

今の実証実験はとても単純な仕組みで珍しくないと、読んだ方は思われるかもしれません。しかし、技術検証や顧客ニーズの確認という目的を踏まえて、そしてスピードを優先して、あえてシンプルなサービスにしたのです。先行して取り組むことで集まる貴重なデータ、ノウハウを生かして、実用化でも業界の先陣を切っていくことを目指しています。

三井住友FG、カード不正検知精度が劇的に向上

大手企業になると、社内のさまざまな業務で人工知能を活用する実証実験を進めて、改善効果が大きい業務を探ろうとしています。

特にメガバンクはITを活用して新たな金融サービスを生み出す「FinTech」分野でスタートアップ企業も含めて競争が激しく、人工知能活用に熱心です。その一社である三井住友フィナンシャルグループ（三井住友FG）の取り組みを紹介しましょう。

すでに顕著な成果を出せそうな分野が、クレジットカードの不正検知です。三井住友FGは、ディープラーニングを使ってクレジットカードの不正検知の精度を上げる検証を行い、不正利用の疑いがあると判定した取引のうち、本当に不正な取引だった比率を従来の5％程度から90％程度へと大幅に引き上げることに成功しました。

現在の不正検知は、まず、カード利用の場所や時間、金額などのパラメータを人が決めた特定のルールにのっとってチェックし、（1）正常な利用、（2）不正な利用、（3）不正な疑いがある利用、の大きく3種類に判別。疑いがある取引について、人が店舗や利用者に問い合わせをして確認するという手法をとっています。疑いのある取引の中で約95％が問題のない取引で、本当に不正である取引は5％程度だそうです。

今回、過去数年分のクレジットカード利用のデータを使い、不正検知アルゴリズムをディープラーニングを用いて開発しました。すると、アルゴリズムが不正な疑いがあると判別した取引のうち、本当の不正取引の比率は約90％と大幅に向上しました。そもそも不正な疑いがある比率が大きく低下して、正常か不正な取引かをはっきり見分けられるようになりました。もちろん、不正を見逃す比率が増えているわけではないそうです。不正検知の精度が上がれば問い合わせ作業が減り、その結果カード会員や店舗への負担も軽減することができます（**図4－6**）。

三井住友銀行ITイノベーション推進部などが、ITコンサルティングのJSOL（東京都中央区）と共同で、「グーグルクラウドプラットフォーム（GCP）」上でディープラーニングを使って検証をしました。

ITイノベーション推進部副部長の井口功一さんは、「過去のデータに対して、ディープラーニングを使った場合は効果が比較しやすい。その結果、かなりいい数値が出てくるので恐ろし

図4－6　ディープラーニングでクレジットカードの不正検知精度を向上

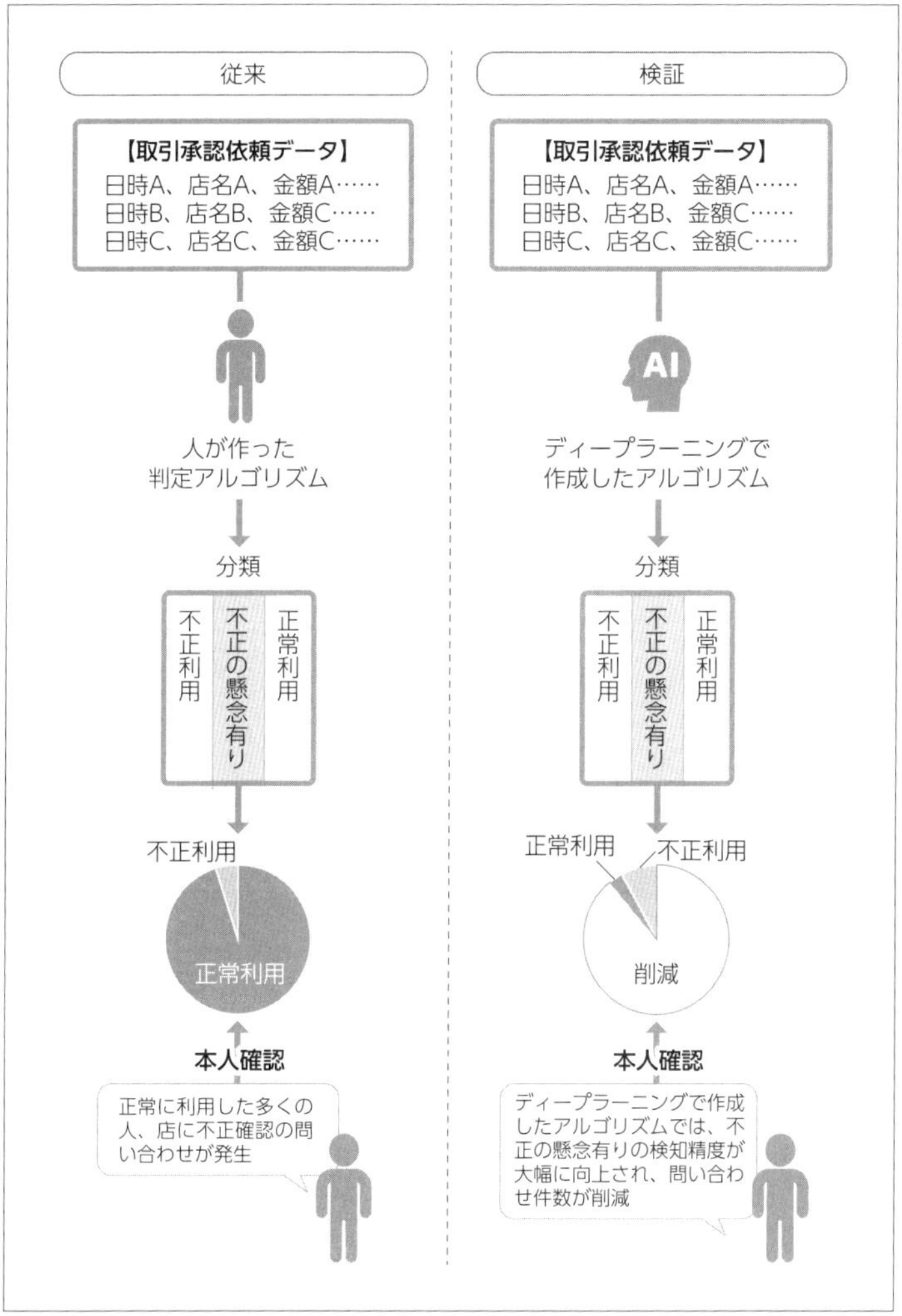

さを感じるほどです。まだ実験の段階で、これを業務に落とし込むとなるとまた違った課題が出てきますが、効果があるとわかれば（事業会社、業務部門に）提案しやすくなります」と話しています。

コールセンターへは全席に導入

三井住友銀行は、このほかにもさまざまな業務への人工知能の活用の可能性を探っています。

システム統括部副部長の高橋健二さんは、「現在進めている人工知能活用の軸は大きく3つあります」と説明してくれました。1つは安心・安全なサービス提供、2つ目は、顧客サービスの向上や行員の生産性の向上、3つ目はチャットボット（自動会話プログラム）のような新たな顧客体験の実現です。

実際の業務ですでに成果を挙げているのが、コールセンターの対応品質向上を目的とした米IBMの「Ｗａｔｓｏｎ」の活用です。活用軸の2つ目に該当します。２０１４年より順次導入を進めてきましたが、２０１６年10月、2カ所あるコールセンターの３００席全席への導入が完了しました。

実際の業務では、顧客からの問い合わせに対し、Ｗａｔｓｏｎが内容を解釈して回答候補をオペレーターに提示します。実用検証を進めた結果、上位5位までの回答候補の中に適切な回答が含まれる割合は、現在では9割を超えているそうです。

安心・安全面への人工知能活用の一例がサイバーセキュリティー対策です。これまではメールやウェブで共有されたセキュリティー情報を人が確認して対策をしてきましたが、外部の膨大な情報を人工知能で自然言語処理して、役立つセキュリティー対策情報を自動で導きだすことができるようにします。米国で業務を展開する金融機関が参加する、セキュリティー情報分析結果の共有を目的した組織である「FS-ISAC」が提供する25万件以上の脅威情報などを活用します。

チャットボットは、日本マイクロソフトと開発を進めています。マイクロソフトが公開するオープンソースのディープラーニング開発ツールを使い、対話全体の文脈・意味を捉えて質問の追加や変化にも対応が可能なシステムを開発します。まずは行員向けの照会回答業務から利用を開始して精度の向上を進めており、顧客向けサービスへの利用の可能性を探っていきます。

データから答えは出てこない

膨大なデータをどう活用していくのかが今後の課題だと、井口さんは言います。

「人工知能は魔法の杖のように思われがちですが、やはり使い方があります。何をどうすれば業務をよくできるのか。それを定義して、業務向上に相関するデータは何なのかを探っていく必要があるのです。データからは答えは出てきません」

ITイノベーション推進部では、人工知能活用ステップのフレームワーク化を進め、各部署に共有し、人工知能活用をさらに加速しようとしています。

三井住友銀行は、2016年4月にデータマネジメント部を新設しています。金融機関におけるデータ部門はリスク管理を主目的とすることが多いのですが、「銀行の規制の観点だけでなく、お客さまのため、生産性向上のための観点を加えたデータ整備を進めています」(データマネジメント部副部長の宮内恒さん)。銀行の口座の入出金や振り込み、金融商品の購入、クレジットカードの購買履歴といった従来型のデータだけでなく、ウェブサイトやアプリのログ、コールセンターの音声データなど爆発的に増えていく新たなデータも含めて、人工知能などで業務改善や顧客体験を向上させるために必要なデータを使える状態に整備していきます。

本章では、日本企業のさまざまなディープラーニング活用事例を紹介してきました。それでは自社で活用を検討する上では、どう考えればよいのか、活用を始めるとどんな点でつまずくのか、次章で専門家の考えを聞きましょう。

5章　活用フレームワーク編

データ×目的で整理し、**活用の展開図**を描こう

データ×目的で整理し、活用の展開図を描こう

4章では、日本企業におけるディープラーニングの活用事例を見てきました。我が社でも早速取り組みを始めたい――。しかし、一体どこから手を付けていけばいいのでしょうか。そこで、これまで累計500社以上ものディープラーニングをはじめとするデータ活用の相談に乗ってきたというブレインパッドのテクノロジー&ソフトウェア開発本部基盤開発部長の下田倫大さんに話を聞きました。

ブレインパッドはデータ分析を企業から受託する「アナリティクス事業」を出発点に、レコメンドや広告最適配信などのデジタルマーケティング領域での自社開発サービスを提供する「マーケティングプラットフォーム事業」、データ分析環境やツールを提供する「ソリューション事業」の3事業で構成されています。下田さんはひと言で「お客さまのデータ活用にかかわる悩みを解決する」会社であると説明してくれました。

2004年に創業し、機械学習の活用についても早期からお客さまへ提案してきましたが、世の中での機械学習による成果への認知拡大、それに伴う顧客企業の理解の深化もあり、20

15年ごろから特にディープラーニングへの期待が急速に高まってきたそうです。そこで2016年からは、顧客企業とともに取り組んだ先端的なディープラーニング活用事例を積極的に公開しているそうです（4章で紹介したエアロセンスと後述するキユーピーなど）。

同社はデータ活用専業企業として、グーグルのVision APIなど標準的なディープラーニングのサービスだけでは解決できない課題が顧客から直接、もしくはグーグルのようなIT企業からの紹介で多数寄せられます。その課題を解決すべく、多くの場合は、まず小規模なPoC（プルーフ・オブ・コンセプト：概念実証）を実施します。その中で、ディープラーニングの技術者、既存システムと連携させるエンジニア、ビジネス現場などさまざまな立場の人と連携して仕事をするため、ディープラーニング活用を巡る現状を俯瞰的に見ています。

また、同社はITソリューションのJSOL（東京都中央区）とともに幹事企業となり、グーグルがオープンソース化した機械学習ライブラリである「テンソルフロー（TensorFlow）」のユーザーグループを2016年10月に立ち上げました。同年12月下旬時点で参加者は1500人を超え、それまでに実施した5回のイベントは定員160人規模の会場でも毎回、定員と同数以上の人がキャンセル待ちとなるような盛況ぶりです。ディープラーニングへの過熱ぶりが伝わってきます（**図5－1**）。

前振りが長くなりましたが、このようなかたちでディープラーニング、テンソルフローの活用に深く関わる下田さんに、活用の条件を整理してもらいましょう。

■データ×目的による整理法

ディープラーニングの活用方法を整理する上で、下田さんは活用の「目的」と学習に利用する「データ」を挙げてくれました。活用法が急速に広がる今、業種や業務別ではまだ定番の活用法を整理しにくいそうです。

　ディープラーニング活用の目的は、「1．コスト削減」「2．付加価値を高めて新たなビジネス機会を創出」「3．クリエイティブ性の向上」です。一方で使われるデータは「1．画像」「2．テキスト」「3．音声」「4．セン

図5－1　テンソルフロー・ユーザー・グループのサイト
(https://tfug-tokyo.connpass.com/)

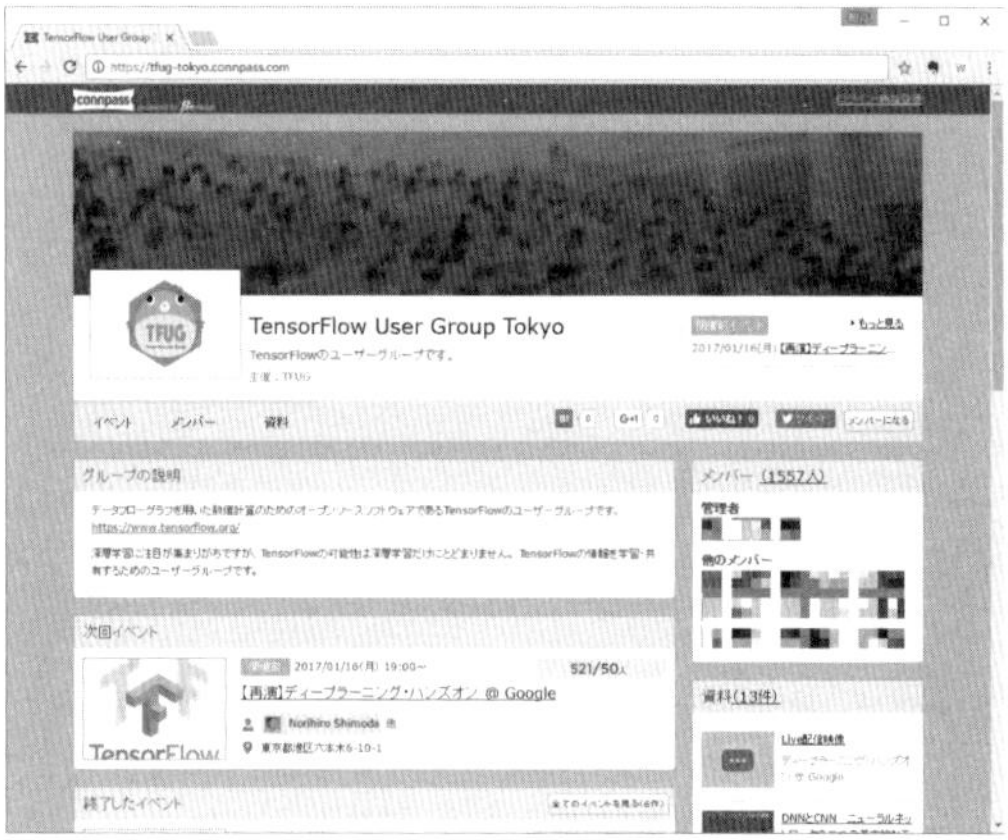

サー」となります（図5－2）。

先行する画像データの活用

まず、話がシンプルなデータから1つずつ説明していきましょう。現時点で活用が先行しているのが、1．画像と2．テキストです。研究成果が先行して出ていることと、多くの企業が既にデータを持っていることが理由です。

特に、「画像についてはすでに企業の方がある程度技術を理解し、自社のビジネスだとこうできるのではないかというアイデアを持ち、相談に来られるケースが多いです」と下田さんは話します。

図5－2 目的×データからディープラーニングの活用方法を整理する

実際、4章で紹介した日本企業の活用事例の多くは、画像を使ったものでした。

テキストについては、企業が大量に保有していることに加えて、最近「チャットボット」が注目を集めていることもあります。チャットボットとは、Webサイトやメッセージアプリ上からの顧客の問い合わせなどに対して、自動的に適切な返信をする「ロボット」です。「もともとアップルの『Siri』などでおなじみのある領域でしたが、マイクロソフトが提供する『りんな』のような自然な雑談ができるチャットボットが登場したことで、より可能性を感じる方が多くなってきています」（下田さん）ということで、これも事例が出て活用イメージが描きやすいことから問い合わせが多いようです。

なお、「りんな」は「LINE」上の公式アカウントとして登場した女子高生をモチーフにした人工知能です。Siriのような通常のチャットボットは、顧客の疑問をいち早く解決することがゴールなのに対し、りんなは会話を長く続けることを目指して設計されているところがユニークな点です。ローソンが、LINEの公式アカウントでりんなの技術を活用しています。

チャットボットに関心を持つ企業は、チャットボットを通じて顧客とインタラクションを起こして、他社にはない機能やサービスを提供したいというニーズがあるそうです。目的の軸では、「2．付加価値を高めて新たなビジネス機会を創出」「3．クリエイティブ性の向上」の類いです。

ただ、その目的を深掘りすると、いくら投資していくか、どう投資コストを回収していくかのイメージがない企業が大半。すると、自社で研究開発までできる場合を除いては、最終的にプロジェクトとして実現するのは難しいのが現実だそうです。

音声データはコールセンター中心

音声も音声認識・合成などでディープラーニング技術が生きる分野の1つです。一方で企業が持つ音声データは、コールセンターでの対応音声というのが一般的。コールセンターでの活用となると、活用方法はコールセンターでの自動応答の実現か、サポートの品質向上のための対応状況の評価の主に2パターンがあります。

「コールセンターの対応は定型的な面もあり、自動応答はルールベースで質問に対する応答を選ぶことで対応できることが多く、ディープラーニングでやるべきかどうかは検討が必要です」と下田さん。実際、日本アイ・ビー・エムの認知型コンピューター「Watson」を使った事例も多い分野です。Watsonは自然言語処理と機械学習の技術を使用して、マニュアル、FAQ、判例、診断記録テキストのような大量の非構造化データから洞察を得ることを得意としています。

一方の「サポート状況の評価については、ディープラーニング、機械学習が生きる可能性があります」と下田さんは可能性を見出しています。ただ、超えるべき障壁があるそうです。「サポートセンターの音声はやりとりのテキスト内容だけで必ずしも決まるわけではなく、その回答が利用者にとってどんな意味を持ったのかまで評価対象にしないと意味がありません。例えば、同じ回答でも声のトーンによって意味が変わってくるといったところが難しい点となります」（下田さん）。つまり、お客さんが「わかった」と言っても心から納得してそう言っているのか、不満を持ちつつ言っているのかは、音声を単純にテキスト化するだけではわかりません。そうしたデータへのラベル付け、評価するところに課題が残っているそうです。

ただ、コールセンターは大規模で労働集約型の業務なので、多額のコストがかかり品質をそろえたいというニーズは企業の間でも高いそう。チャットボットへの移行も含めて、ディープラーニング活用は大きな可能性を秘めています。

データ種類の最後に挙げたセンサーでは、機器の異常検知や稼働状況の可視化などが主な用途になります。「英ディープマインドによるグーグルのデータセンターの省電力化がいい例でしょう」と下田さんは紹介してくれました（詳しくは3章に掲載）。

IoT（インターネット・オブ・シングス）にまつわる機器や通信費用の低下で、センサー情報の収集コストが安くなりました。ただ、1つひとつのセンサーから得られる情報のインパクトが小さいと下田さんは指摘します。グーグルのデータセンターや、スマートシティ、スマートビルなどのプロジェクトで大規模にデータ収集をすれば、得られる省力化、効率化のインパクトも大きくなりますが、小さなPoCを実施するだけでは効果を見出すのが難しいそうです。

それぞれに利点、欠点はありますが、画像、テキスト、音声、センサー、この4種類を中心に大量のデータを保有しているのであれば、ディープラーニング活用を検討する意義はありそうです。

ただ、活用目的がはっきりしていてそれに必要なデータが見極められていれば、手元にデータはなくても、社員のスキルや知見をデータ化したり、外部の力を使ってデータを新たに作成したりする方法もあります。

まずはコスト削減から入るのが現実的

単にデータがたくさんあればよいわけではありません。当然ではありますが、企業で解決したい課題や活用の目的があることが大前提です。その目的に沿ったデータが必要になります。

目的について改めて整理すると、以下の3項目になります。

1．コスト削減
2．付加価値を高めて新たなビジネス機会を創出
3．クリエイティブ性の向上

事業会社でディープラーニング活用を検討する際、今あるデータと人材で進められるのであれば、この3つの目的は混然一体のまま検討ができます。一方で、人工知能の活用を進められる人材がおらず、ブレインパッドのような外部の支援企業へ依頼する場合は、相談を進める中で、費用対効果が見極めやすいコスト削減にディープラーニングを使う方向に進めて、付加価値向上などは次のステップとする、という結論に至る企業が多くなるのが現状だそうです。

ちなみに1と2の目的は、従来の機械学習活用でも期待されてきましたが、3のクリエイティブ性の向上はディープラーニングならではの期待だそうです。写真を有名画家の絵画風にアレンジしたり、音楽を作曲したり、小説や記事を書いたりという研究はすでに始まっています。ビジネスの現場でも、こうしたまさに人間らしい〝知的能力〟が期待されているようです。

さて、コスト削減目的でディープラーニングを導入する場合はおおむね、人の労働を機械に置き換えることがコスト削減の手段になります。しかし、これが簡単ではないのです。「小さな規模でもPoCにかけたコストと既存の人件費ベースのコストを見比べると、短期的な視点

ではディープラーニングに軍配が上がるケースはそれほど多くないのです。」と下田さんは言います。

というのは、「パートの方々の作業は簡単な〝ルーチンワーク〟といわれていても、その中では機械で実現するにはハードルの高い高度な意思決定や判断が数々下されています。それをそっくりそのまま人工知能で上回ろうとするのは思っている以上に難しいものなのです」と下田さんは説明してくれました。ある程度高度な人工知能を開発する費用と安い人件費だけを単純に比べると、割に合わないというのです。

下田さんは、別の視点として、人の労働には「品質にぶれ」があり「長時間は働けない」点も理解すべきだと言います。人工知能は一定の品質で24時間働きます。

ブレインパッドは、キユーピーの食品工場における異物混入や不良品の検知をディープラーニングによる画像解析で支援しました。キユーピーは、原料に由来するものの製品には不要な異物混入の発見を人間が目視で行っています。それを人工知能を活用して発見精度を高めることができれば、安心・安全という品質価値のさらなる向上と、人手による作業負荷の軽減に大きく貢献するのではないかと考えました。

こうした工場での作業は、ベテランのAさんが優秀な判断をしてもAさんが24時間働くわけにはいきませんし、新入りのBさんがAさんと同じ水準に達するには時間がかかるものです。

人工知能なら一度Aさんと同水準に達すれば、24時間一定の品質で判断をし続けられますし、第2、第3のAさんとして、さまざまな所で活躍できます。

PoCで得られた小さな実験結果を、ビジネスの現場にスケールさせたときにどんなことが起きるかを俯瞰的に考えるのは難しいものです。ただ、最低限、こうしてシステム開発費用と人件費だけでなく、作業品質と稼働時間などの総合的な要素を含めて投資対効果を考えることも必要になります（**図5－3**）。

コスト削減以外、つまり付加価値の向上やクリエイティブ面への貢献を目的とする場合でも、既存業務でのコスト削減を第一歩にした方が進めやすいと下田さんはアドバイスしてくれました。

ただ、ここが難しいところでもあります。ディープラーニング活用を社内で盛り上げて全業務での活用までを検討。そこから一度たたんで確実なところから

図5−3　人の作業をディープラーニングで効率化する際は3つの観点から費用対効果を考える

現　状	ディープラーニング
1 人件費	1 システム開発費
2 作業品質のぶれ	2 均質な作業品質
3 稼働可能な時間は限られる	3 24時間稼働可能

実行段階に移すのも必要ですが、たたみすぎると既存業務の単なる置き換えに終わってしまいます。

「ディープラーニングを魔法の杖のように期待されても困りますが、特定の業務に適用して終わり、というものでもないのです。近視眼的な視野で考えたり、自分の担当ラインでの改善だけ考えたりしていては十分な活用は難しい」と下田さん。

大切なのは、ディープラーニングなど機械学習によるシステム開発は、従来のシステム開発とは異なるという認識を持つことです。一度仕様を決めたらその範囲を出るものではないという従来の常識と違い、「転用」がディープラーニングの醍醐味なのです。

■成功に必要な常識と人材の転換

ディープラーニングは、そもそも「転用」が可能な技術特性があります。

4章のエアロセンスの事例でも説明しましたが、グーグルがオープンソースとして開発を進める機械学習ライブラリのテンソルフローにはグーグルが発案した一般的な画像認識モデル「Ｉｎｃｅｐｔｉｏｎ-ｖ3」が同梱されており、簡単に利用することができます。Ｉｎｃｅｐｔｉｏｎ-ｖ3では、画像に写っている物体を1000種類に分類できます。これに特定分野の教師データを追加で学習させれば、特定分野についてはより詳しく判別できるようになるのです。「転移学習」と呼ばれる技術です。エアロセンスの場合は、上空から空撮したさまざまな状態の自動車の写真データ100枚程度を追加して学習させました。

従来の画像処理システムでも同様のことを実現できる可能性があるものもありますが、対象とする商品が変わるたびに一から開発が必要となります。ディープラーニングなら商品の素材が変わっても新しいデータを学習させるだけで対応可能なのではないか、その対応力に期待があるそうです。

活用の展開図を描けるか

「ビジネスのどの領域に活用すると何が起きて、次に何ができるか。点と点を結び、線にして、面に広げていく」。転移学習を踏まえた活用を検討するには、活用の展開図をどう描くかが重要だと下田さんは言います。

プロジェクトの第一歩ではコスト削減を目的としたＰｏＣを実施し、ビジネス現場でも活用できる目処が付いたら、新たな顧客体験、クリエイティブの発揮に生かせないか検討を進めるべきです。

モデルの転用をイメージしやすいように、下田さんが一つの架空の例を説明してくれました。

あるアパレル関連の会社が衣服の画像データをたくさん保有していて、その整理のために衣服の種類を識別できるモデルをディープラーニングで開発したとします。それ自体は画像整理の業務効率化になるでしょう。将来的にはモデルを転用して、ファッションとしてのオシャレさを定量評価したり、衣服のトレンドを捉えるモデルを作り、次のシーズンに生産する衣服のデザインの参考にしたり、個人向けのファッションアプリとして提供したりできれば、新たなビジネスとすることも検討できるでしょう。

4章で紹介したオークネットIBSは、そうしたモデルの転用方法をすでに描いていました。当初は特定のクルマを扱う中古車販売店向けに納入したクルマの写真の分類システムに、さまざまなモデルの識別も可能にして他の販売店へ転用し、次にクルマのオプション装備の認識も可能にしたクルマ査定モデルを開発し、さらにはブランド品などクルマ以外にも画像認識モデルを適用することを構想しています。こうした業務効率化から始まり、新たな顧客体験の創造、他事業への展開を構想できるのが好例でしょうと、下田さんは指摘します（**図5−4**）。

実際に各社で、（1）ビジネス現場で適用可能かどうか、（2）それに関連したデータを保有しているか、（3）データがディープラーニング向きかどうかの3つの条件で検討を進めると、各企業で進められる可能性があるディープラーニングのプロジェクトは片手で数えられる程度というのが一般的だそう。であれば、「何よりやってみることが大事です」と下田さんは言い

図5−4　一度作ったディープラーニングのモデルをさまざまな領域へ展開する考え方

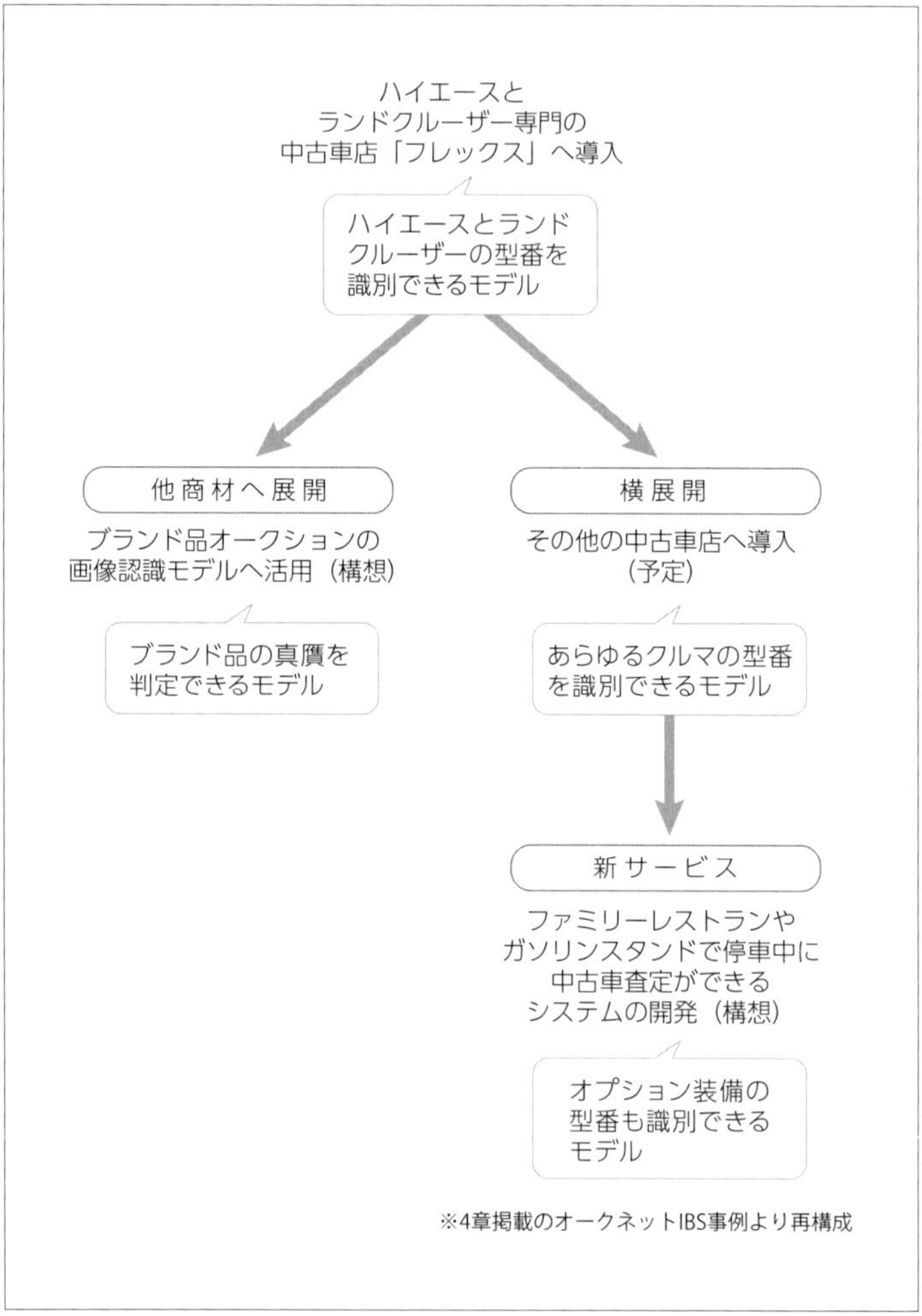

※4章掲載のオークネットIBS事例より再構成

ます。

必要な人材像は？

実際にディープラーニングのプロジェクトを進めるとなると、企業で検討プロジェクトチームをつくり、社内のデータの整備や課題の洗い出しを進めることになるでしょう。その際にどんな人材が必要か。下田さんは4つの人材像を上げてくれました（**図5−5**）。

1．ビジネスの旗振り役
2．ディープラーニングの技術者、データサイエンティスト
3．モデルを組み込んだシステムを作るエンジニア
4．ビジネスとエンジニア、データサイエンティスト

図5−5　ディープラーニング活用プロジェクトを進めるのに必要な人材

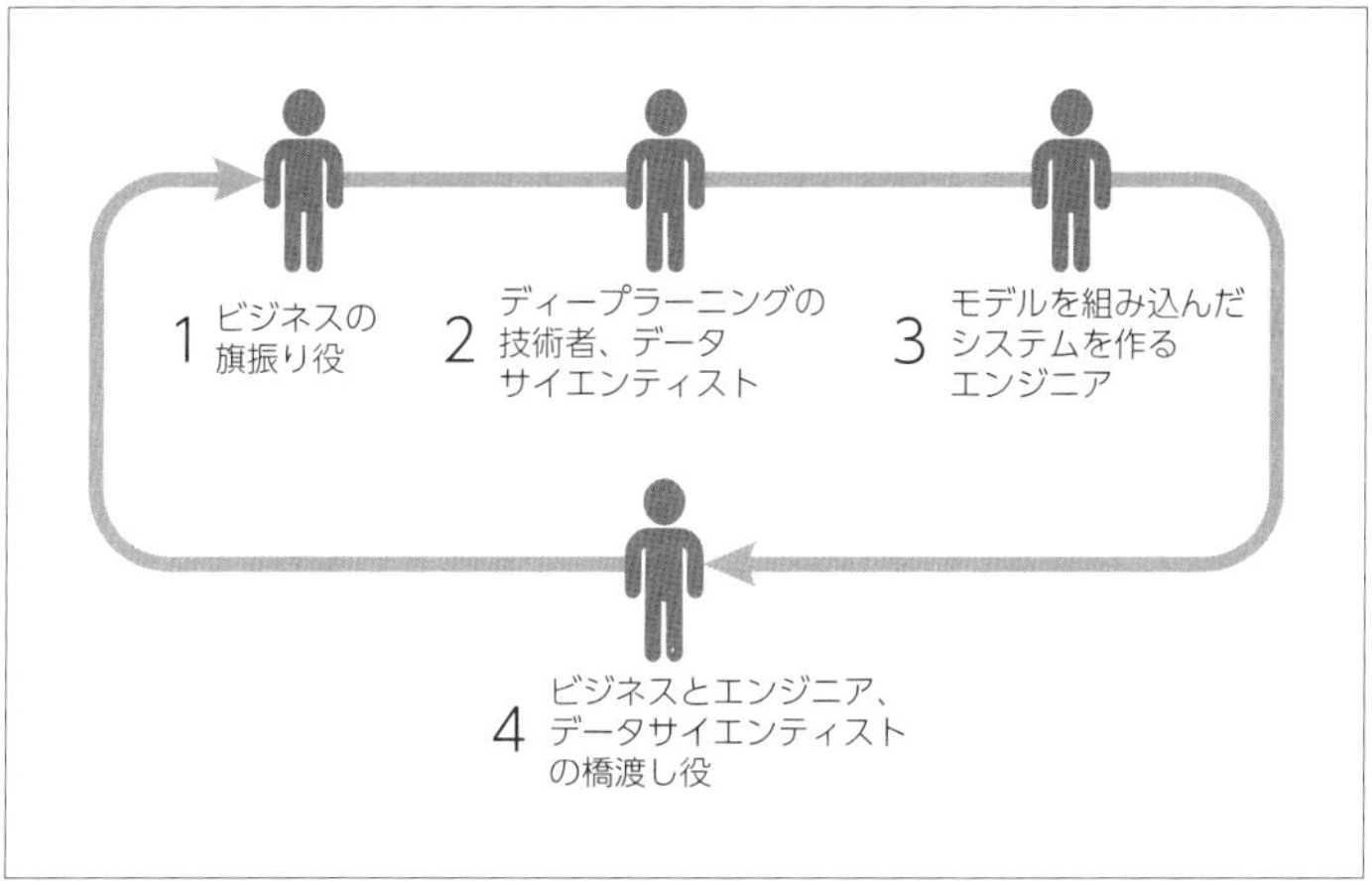

ティストの橋渡し役

1はディープラーニングを活用したモデルを導入する部門の担当者です。コールセンターの対応評価であれば同部門の人が参加する必要があります。2は専門職になるため、一般に自社内に抱える企業は少なく、ブレインパッドなどの専門企業に依頼することが多いそうです。3はデータをモデルに投入し、そこからのアウトプットを既存の仕組みに取り込むシステムを担当する方。例えばWebサイト上にチャットボットを置くなら、Webサイトの担当者となります。

そして、4の橋渡し役が既存の組織にはない、一方で重要な役割を果たす人です。「エンジニアと人工知能の技術を理解しながらビジネスとつないでいく人がいないと、今後業務が回っていかないのではないかと懸念しています」と下田さんは指摘します。

橋渡し役を担う人材は、ビジネスに取り組む人が技術力を身に付けるのは大変なので、ディープラーニングの技術者やエンジニアが活用に興味を持ち、ビジネスにも向き合うことがよいのではないかということです。

下田さんは「こうした人を増やさないと、人工知能が一時のブームで終わりかねません」と危機感を持っています。人工知能の技術側はテンソルフローのようなライブラリが整備されたり、多種多様なＡＰＩが提供されたりしてハードルが下がってきました、それをどうビジネスに生かすかを描き、人工知能プロジェクトをマネジメントできる人材が求められる段階になってきたのです。

ただ、現時点では社内にそうした人材を抱える企業はそう多くないので、ブレインパッドのような支援企業が頼られるケースも多くなっているそうです。

下田さんはこうした課題意識から、テンソルフロー・ユーザー・グループでも「非エンジニアに向けて事例共有をする日をつくりたい」と考え、「ｆｏｒ　Ｂｉｚ」のイベントを開催しています。「ユーザー＝エンジニアだけでなく、企業としてのユーザーも増やしていきたい」（下田さん）と考えています。

機械学習はコモディティー化、次の特別な存在は

最後に改めて、下田さんにディープラーニングのビジネス活用を進めるためのアドバイスをもらいました。

「ディープラーニングのような人工知能の実用性は、グーグルなど世界的なＩＴ企業がどんどん高めています。『機械学習の民主化』ともいわれていますが、それはとてもいい言葉だと思います。人工知能は研究者だけの特別なものから、今やコモディティー化してきました。そ

れを自社のビジネスに適切に使うことが差異化のポイントとなります。人工知能がビジネスの道具であるならば、新しいビジネスの道具はしっかりと理解すべきです。そして人工知能が特別でなくなった次に特別な価値を持つのは、データでしょう。ディープラーニングに可能な限り早く取り組み、知見を積み、自社に必要になるデータを理解し、1日でも早くそのデータをため始めることが大事になります。それがディープラーニングの精度を高めることになり、企業の競争力を高めるのです」

「ディープラーニングによるビジネス競争の大波が到来するのは、まだ先でしょう。その前に自社の状況を整理し、小さな実験を始め、活用の可能性を探ってみてはいかがでしょうか。

6章　将来展望編

ディープラーニングが
課題を解決する未来へ

グーグルクラウド・マシンラーニング・グループ研究責任者のジア・リーさんに聞く

ディープラーニングが課題を解決する未来へ
グーグルクラウド・マシンラーニング・グループ研究責任者のジア・リーさんに聞く

機械学習、そしてディープラーニングは、さまざまな可能性を私たちの生活やビジネスにもたらしてくれることがわかりました。もちろん、今すぐに現実社会の多くの課題を解決できるわけではありませんし、ビジネスへの活用が業績の急上昇につながるとはいえません。それでも、今後の私たちは機械学習やディープラーニングの成果を含む、いわゆる「人工知能：AI」といや応なしに付き合っていくことになるでしょう。それでは、「AIファースト」を掲げるグーグルは、今後の機械学習やディープラーニングの技術の進歩、そして実際のユースケースに対して、どのようなビジョンを持っているのでしょうか。

本書では、米グーグルでグーグルクラウド・マシンラーニング・グループの研究責任者を務めるジア・リーさんに、インタビューしました（図6-1）。リーさんは、スタンフォード大学でコンピューターサイエンスの博士号を取得後、ヤフー・ラボや、若者中心に人気の動画メッセージングサービスのスナップチャットで人工知能、機械学習、画像認識などの研究を行い、2016年にグーグルで機械学習グループの研究責任者に着任しました。特に画像認識のエキスパートであるリーさんに、機械学習とディープラーニングのこれまで、そして今後についてお話をうかがいました。

図6－1　グーグルクラウド・マシンラーニング・グループ研究責任者のジア・リーさん

技術革新の牽引役はディープラーニング

――画像認識はこの数年で急速に精度が高まり、応用範囲が広がっています。何が技術革新を牽引したとお考えですか？

リーさん：コンピューターサイエンスにとって画像認識は、長年にわたって克服すべき課題でしたが、この数年で大きな進歩を遂げてきました。それには、3つのファクターがあったと考えています。それは「ビッグデータ」「コンピューターの性能向上」「先進的なアルゴリズム」です。

インターネットの発達は、大量の画像データの入手を容易にしています。CPUを大量に用意したり、高速な演算が可能なGPU（グラフィック・プロセッシング・ユニット：画像処理半導体）を利用したりすることで、コンピューターの性能も向上しました。その上で、先進的なアルゴリズムであるディープラーニングがこれらのファクターを統合して、画像認識を高精度に行えるようにしたのです。ディープラーニングが、画像認識の精度向上の一番の牽引力になっています。

――実際に、ディープラーニングによって、人間を超える画像認識の精度が得られたという成果が発表されていますよね。

リーさん：はい。最新のディープラーニングによる画像認識のアルゴリズムと、スタンフォード大学の博士課程の学生による、画像を認識して分類する比較実験では、アルゴリズムが人間に勝っているという結果が得られています。画像認識の研究が大きく進歩したことを意味していると思います。

しかし、これをもって画像認識ではアルゴリズムが人間に勝っていると考えるのはまだ早いのです。先駆的な研究を続けてきたことで、画像認識の特定の分野では人間よりも高い精度が得られるようになりましたが、これは画像認識のごく一部でしかありません。まだ解明していかなければならない問題は数多くあり、改善、発展の余地はたくさんあります。

人間は優秀、アルゴリズムの研究はまだまだ途上

――画像認識のどのような部分が、アルゴリズムではまだ実現できていないのでしょうか？

リーさん：例えば、画像を総合的に理解することや、逆にイメージを分割して理解すること、さらにアクションやイベントを解明して理解するといったことです。

総合的に理解するというのは、イメージの中にさまざまな情報が含まれているときに、どういった物体が映っていて、それがどのようなイメージなのかを理解することです。例えば、そのイメージのキャプション（説明文）を付けるという課題は、総合的で高次のイメージの理解が必要になります。

一方で、イメージを分割して理解することも難しい課題です。イメージの中のピクセルが、椅子なのか机なのか、人間の髪の毛なのかを認識して物体を同定し、その境界線がどこにあるのかを探すといったような課題です。ビデオの中で物体の軌道や軌跡を認識する課題もあります。

――また、ディープラーニングよりも人間が優れている分野もあるということですね。

リーさん：もちろんです。「イメージネット」（http://image-net.org/）という画像認識の1つのデータセットを使った研究では、画像分類で人間に勝っているという成果が得られましたが、人間のほうがずっと優れている課題がたくさん存在しています。研究者は、研究を続けなければならないのです。

人間は、膨大な知識を使って、文脈（コンテキスト）を把握した上で画像を認識できます。

ひと目で状況を判断する「百聞は一見にしかず」といった部分ですね。コンピューターでも、知識を裏付けとして画像をコンテキストと結びつける研究は進められていますし、イメージを記述できるようにはなってきていますが、人間のような高度な認識はまだできていないのが現状です。

動画は、静止画よりも画像を理解するための追加的な情報を利用しやすい性質があります。時系列の連続した画像があり、オーディオのデータもあります。人間はそれらを総合的に判断して理解しますが、コンピューターではそれらから得られた信号を統合させて活用する研究がまだまだ必要なのです。

――ディープラーニングは大きく発展していると思いますが、今までのお話だとさらに研究や発展が必要だということでしょうか。

リーさん：これまでで、確かにディープラーニングは大幅な進歩を遂げてきたといわれています。一方で、その研究成果は、コンピューターや自然言語処理、画像処理などそれぞれの分野の研究成果の集大成という側面があります。実際には、課題となる領域は膨大で、さらに広い分野での研究が必要です。

例えば、ディープラーニングでは、大量のデータを学習に必要とします。それでは、非常に限られた事例から学習していくにはどうしたらよいのか、単一の事例から学習するにはどうしたらよいのか。人間ならば、1枚の写真があるだけでも新しい物を認識する学習ができますが、ディープラーニングではそんなこともできません。人間のレベルの限られたデータと、逆にインターネット上にあるようなノイズがたくさん含まれたデータをどのように組み合わせて、有意義な情報を得ていくのかという点も残されている課題です。

ディープラーニングは「データハングリー」

――課題を解決するためには、ディープラーニングであっても万能ではないのでしょうか?

リーさん：課題解決には、ディープラーニングに属する方法論でうまくいくこともあるでしょうし、それ以外の方法論もあると思います。先ほども言いましたが、ディープラーニングは「データハングリー」でたくさんのデータを必要とします。一方で、テンプレートを使って特徴をマッチングさせる方法ならば、少ないデータで画像認識ができる可能性もあります。

技術には波があります。これまでニューラルネットワークが登場し、浅い学習をするシャローラーニングもありましたし、サポートベクトルマシン（SVM）もありました。機械学習を出発点として、少しずつ進歩した結果でさまざまな学習の方法論が出てきました。そうした中で、ディープラーニングでは最も大きな成果が得られてきたわけです。特に画像認識や音声認識で成果を出してきています。その成果をベースとして、複数の分野の専門知識を融合させていくことで、新しい成果を得ていくアプローチが機械学習やディープラーニングでも必要になるでしょう。

例えば、画像認識とオーディオ、音声の認識を組み合わせ、複数のセンサーのデータを統合して、動画の意味を理解するといった方向が考えられます。各分野の成果だけではなく、多様な知見を統合することに、今後の研究の大きな意味があると考えています。そうしたさまざまな知見を統合する場として、グーグルクラウドプラットフォームがあるのです。

現実世界の課題を解決することがAI研究の目標

――グーグルが研究開発で得た知見は、グーグルクラウドプラットフォームを通じて顧客企業に還元されるということですか？

リーさん：私たちグーグルでは、「AIの民主化」を1つのミッションと考えています。AIや機械学習の研究者の専門知識を統合することで、お客さまの課題を解決できると思います。

研究者は先進的な研究を続け、イノベーションの実現を目指します。その一方で、現実に利用可能な技術をお客さまにお届けして、新しいチャンスをつかむためのパワーを提供することもグーグルの研究開発部門の使命だと考えています。

ただし、今すぐに具体的な提案ができるかというと、必ずしもそうではありません。実際には、お客さまがどのような問題意識を持っているか、それをどのように解決しようと考えているか、ということがベースになると思います。技術的にどのような解決の方法があるのかの可能性を探るためにも、お客さまの声をもっと聞いていきたいと思います。

――機械学習やディープラーニング、そしてAIで直面している課題を、すべて研究しつくしたとしたら、どんな世界が到来すると考えますか?

リーさん：いつか、そんな日が来たとする「夢」として語れば、ですが――。コンピューターがもっと知的になって高度化して、人間がその取り巻く世界を認知、認識するのと同じレベルで認知、認識ができるようになれば、コンピューターによる世界の解釈の仕方が高度化し、人間とコンピューターのインタラクションもより高度化していきます。

AI技術という先進的な技術は、人間の体験の効率を高め、新しいチャンスを人間に提供してくれるでしょう。今は人間がやっている退屈な反復作業、リスクのある作業、高い精度を必要とする作業は、ＡＩを活用することでコンピューターに任せられます。そうした作業を、より楽で安全、確実な作業にしていくことができるのです。ビジネスの場はもちろん、スマートホーム、スマートショッピング、交通や飲食、エンターテインメントといったあらゆる場面で、ＡＩの力を生かしていくことができると考えています。

ディープラーニングは、人間の生活に大きな影響を与えうる存在です。だからこそ、私たちＡＩの研究者はクラウド機械学習の研究を行うことで、ＡＩを万人に活用してもらえるようにバリアーを低くするように努力しています。必要なのは、現実世界の問題を解決するためにＡＩ技術を使っていくということです。そのときに最も適している方法論は、ディープラーニングであるかもしれないし、まったく違う方法論かもしれないし、それらを組み合わせた技術であるかもしれません。ＡＩの技術ありきではなく、現実世界で解決すべき課題の内容そのものが、私たちにとっては最も大切な興味の対象なのです。

おわりに

本書を手に取った大半の方は「日経ビッグデータ」という雑誌名を初めて聞かれたことでしょう。日経BP社が2014年に創刊した専門誌です。企業の間で注目されているビッグデータと人工知能、IoT（インターネット・オブ・シングス）を活用した新事業の創造や業務改革の報道に焦点を定めて、ニュースや活用事例、分析技術やデータビジュアライゼーションのノウハウを、月刊誌と日々更新のウェブサイトを通じて定期購読者の方へお伝えしています。

専門誌として、第3次人工知能ブームの盛り上がりには創刊当時から着目してきました。2015年6月の人工知能学会全国大会には記者を北海道・函館に派遣し、「有料参加者が昨年より100人も多い約1100人になった」と報じました。講演会場に聴講者が入りきらないという熱気に、「このブームは本物だ！」と興奮したものです。

しかし、この活況もブームの始まりにすぎませんでした。翌2016年の大会では、なんと有料参加者は500人も増え約1600人に達したのです。研究者の関心だけでなく、同年はテレビも含むメディアでの扱いも増え、国や企業が投じる研究予算なども急増の一途でした。

第3次人工知能ブームを一般にまで広めて一段と加速させたのが、囲碁の世界クラスの棋士を破った人工知能「アルファ碁」ではないでしょうか。「囲碁で人に勝てるのは10年は先だ」ともいわれていただけに、衝撃は大きく、人の労働は人工知能に取って代わられるという論調も勢いを増しました。

このとき本誌としては、人工知能は一部の研究者や技術者だけのものではなくなったことを確信し、「一般のビジネスパーソンの方々にこそ、この人工知能が与えるインパクトを伝えたい」と強く感じたものです。

そんなとき、グーグルのエンジニアがディープラーニングの仕組みを説明してくれる機会がありました。これがわかりやすい。知識が深い人ほど、難しい技術を誰にもわかる言葉で説明できるものです。我々はディープラーニングの仕組みの解説者として、彼らに着目して取材を重ねました。そうして出来上がったのが本書です。

そもそも、人工知能、機械学習、ディープラーニングと世の中に出てくる言葉の関係が理解できないという方も少なくないはず。そんな一般の方を対象読者に想定して、数式の類いは一切使わずにディープラーニングの解説を試みました。

また、具体的な活用法をイメージしていただくために、グーグルのサービスや、日本企業の業務での活用事例や活用検討法を3～5章にまとめました。取材にご協力いただき、活用のノウハウまで惜しまず明かしてくださったみなさまには、この場を借りて御礼を申し上げます。

日経ビッグデータ 編集長 杉本昭彦

日経ビッグデータ

「データ活用で成長戦略を描く」企業のための専門誌。ビッグデータ×人工知能×IoT（Internet of Things）の活用事例を中心に取材し、定期購読者向けのWebサイトと月刊誌で情報発信する。

グーグルに学ぶディープラーニング

2017年1月30日　第1版第1刷発行
2017年3月31日　第1版第4刷発行

編　集	日経ビッグデータ
発行者	杉山 俊幸
発　行	日経BP社
発　売	日経BPマーケティング
	〒108-8646　東京都港区白金1-17-3
編集協力	岩元 直久
装　幀	小口 翔平＋喜來 詩織（tobufune）
制　作	大應
印刷・製本	大應

本書の一部は「日経ビッグデータ」掲載の内容を編集、再構成したものです。肩書きなどは取材当時のものです。

ISBN978-4-8222-3686-1